JN022527

税務課のシゴト

ver.2

地方税事務研究会 編著

ぎょうせい

ver. 2　はじめに

　本書は、2017年に発刊して以来、初めて税務課に配属された多くの税務職員の皆さんに利用していただきましたが、税制度は社会経済状況等に見合うように毎年度改正が行われますから改正内容に合わせまして、ここに改訂版をまとめさせていただきました。また、税務情報との関係が深い「マイナンバー制度」について新たに「第6章　対話で学ぶ　税務職員のためのマイナンバー入門」を追加しました。

　各種の行政の仕事の中でも、税務の仕事は納税者に税金を掛けて納めてもらうことが基本ですから納税者への対応が大事な仕事です。新入職員として採用され、税務課に配属された職員や人事異動により初めて税務の業務に就く職員は税務の仕事は複雑で難しいと思っていることはむしろ一般的な考えといえます。すべて法律や条例の規定に従って事務を行うという点では確かにある程度裁量が認められる一般的な行政事務とは異なっているところもあります。しかし、税金の基本である負担の公平という観点から、同一条件にある場合には同一の負担を負うというものであり、税法ではこれらの点に配慮してよりきめ細かく規定して、公平性を確保しているものと考えることが必要です。

　本書では、このような観点から、新たに税務職員となった職員が税務の仕事に馴染んでもらうことを目的としていますから、できるだけ分かりやすい言葉で説明することを念頭に置いて記述しています。自らの仕事に関係するところ、あるいは興味のあるところからでも良いと思いますからぜひ読んでいただき、地方団体の貴重な財源を支えている税務の仕事に熱意をもって取り組んでいかれることを願っております。

2023年3月

地方税事務研究会

は じ め に

　税務課に勤めていると聞くと、大変難しい仕事で住民には所得や資産等の状況を把握されているのではないかとして、むしろ煙たく思われていると感じるかもしれませんが、中身の濃い重要な行政を担っているという自負心もまた貴重な心構えといえます。あらゆる行政の仕事の中でも、税務の仕事は、納税者に税金を掛けて納めてもらうことが基本ですから納税者に対する対応が大事な仕事です。新入職員として採用され、税務課に配属された人や人事異動により初めて税務の仕事に就く職員は税務の仕事は複雑で難しいと思っていることが一般的な考えといえます。すべて法律や条例の規定に従って事務を行うという点では確かにある程度裁量が認められる一般的な行政とは異なっているところもあります。しかし、税金の基本である負担の公平という観点から考えますと、同一条件にある場合には同一の負担を負うという原則から判断しますと、より公平に行うため税法はよりきめ細かく規定して公平性を確保しているものであると考えることが必要です。

　本書では、このような観点から、新たに税務職員となった職員が税務の仕事に馴染んでもらうことを目的としていますから、できるだけわかりやすい言葉で説明することを念頭に置いて記述していますが、自らの仕事に関係するところやより関心のあるところ、あるいは興味あるところからでもよいと思いますからぜひ読んでいただき、地方団体の貴重な財源を支えている税務の仕事に熱意をもって取り組んでいかれることを願っております。

　2017年3月

　　　　　　　　　　　　　　　　　　　　地方税事務研究会

目　次

第 4 章　シゴトの流れ ─そのポイントを踏まえて

第 5 章　地方税務職員と守秘義務

第 6 章　対話で学ぶ 税務職員のための マイナンバー入門

第 7 章 これだけは知っておきたい
地方税重要用語

第 8 章 税法を読んでみよう

第 9 章 地方税務お役立ち情報

....

Column

....

※文中のかっこ内の条文は以下の例のように略記しています。
　（例）地方税法第1条第1項第1号→（法1①一）

第 **1** 章

税務課とはどんなところ？

Ⅰ　台所を支える

　地方公務員となって地方自治の発展のために働いてみたいと希望に燃えて採用されたところ、配属先は税務課であったという職員と、最初から税務の仕事をしたいという職員の二つに分かれるものです。税務課は、地方行政の将来の姿やその在り方を独自に企画するというソフトで華やかな職場ではないということから堅苦しいところと思い込んでいるかもしれません。しかし、税務の仕事は都道府県、市町村の財政収入の根幹を占める貴重な財源を確保するために働くことであり、まさに台所を支える極めて重要な職場であることに気づかれることと思います。

　加えて、税務課の職員となって初めて分かることですが、外から見えていることとは違い、すべて地方税法及び条例を基に納税通知書等を作成するなどの業務がコンピューターを駆使してスムーズに進行していくということです。しかも、年度を通して仕事のスケジュールが月ごとにしっかりと定められており、税務職員はこれに従って仕事を進めていくことも他の業務とは大きく異なっています。

Ⅱ　課税と徴収と

　さらに、心に留めておくことは税金を課税すれば年度内にすべて納付・納入されるというものではないということです。納付されず滞納された場合、納めた人と納めない人との負担の均衡を図るため、時には財産の差押えから公売へと強制的な手続を採ることも重要な仕事です。この辺のところは他の行政と異なるところですが、これは現実に税務の仕事に就いて初めて気づくことかもしれません。

このため、通常税務課は組織として課税担当と徴収担当の二つに分かれています。各地方団体の規模によりますが、事務分掌で課を二分している地方団体と、係として分けている地方団体がありますが、仕事の内容は課税と徴収では異なります。この点は、税務職員の辞令をもらった時点で、まずこのような組織の実態を自らの目で確かめて取り組んでほしいものです。人事異動で初めて税務課に配属された職員も、何らかの行政上の給付に対する対価として料金等の公金を納めてもらう業務とは異なり、その給付というようなことが全くない状況の中で、課税から徴収までを行うという税務行政の特徴に気づかれることと思います。

Ⅲ　税体系をおさえよう

　税金には国税と地方税がありますが、まずこれらの税の体系がどのようになっているか、次の図表1−1を見てください。
　一通り目を通したならば、税務課職員として税についてどのような意識を持ち、どのような心構えをもって仕事に取り組んでいくべきかについて述べていきましょう。

◆図表１－１　租税体系

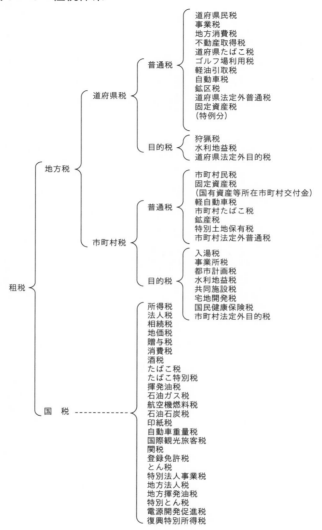

道府県税
　普通税
　　道府県民税
　　事業税
　　地方消費税
　　不動産取得税
　　道府県たばこ税
　　ゴルフ場利用税
　　軽油引取税
　　自動車税
　　鉱区税
　　道府県法定外普通税
　　固定資産税
　　（特例分）
　目的税
　　狩猟税
　　水利地益税
　　道府県法定外目的税

地方税

市町村税
　普通税
　　市町村民税
　　固定資産税
　　（国有資産等所在市町村交付金）
　　軽自動車税
　　市町村たばこ税
　　鉱産税
　　特別土地保有税
　　市町村法定外普通税
　目的税
　　入湯税
　　事業所税
　　都市計画税
　　水利地益税
　　共同施設税
　　宅地開発税
　　国民健康保険税
　　市町村法定外目的税

租税

国　税
　所得税
　法人税
　相続税
　地価税
　贈与税
　消費税
　酒税
　たばこ税
　たばこ特別税
　揮発油税
　石油ガス税
　航空機燃料税
　石油石炭税
　印紙税
　自動車重量税
　国際観光旅客税
　関税
　登録免許税
　とん税
　特別法人事業税
　地方法人税
　地方揮発油税
　特別とん税
　電源開発促進税
　復興特別所得税

（注）１普通税…その収入の使途を特定せず、一般経費に充てるために課される税。普通税のうち、地方税法により税目が法定されて
　　　いるものを法定普通税といい、それ以外のもので地方団体が一定の手続、要件に従い課するものを法定外普通税という。
　　　２目的税…特定の費用に充てるために課される税。　目的税のうち、地方税法により税目が法定されているものを法定目的税と
　　　いい、それ以外のもので地方団体が一定の手続、要件に従い課するものを法定外目的税という。

（出典）都道府県税研修用テキスト

Column　e-Tax、eLTAXってなに？

　e-Taxとは、国税に関する各種の手続について、インターネット等を利用して電子的に手続が行える国税庁が管理する「国税電子申告・納税システム」のことである。

　このシステムの運用は平成16年から開始しているが、これまでの書面による申告書等の持参又は送付による提出方法に加え、申告書等を電子データの形式でインターネットを通じて送信する、新たな提出方法の選択肢を利用者等に提供するものであり、このシステムを使って、所得税等の申告や法定調書の提出、届出や申請などの各種手続、ダイレクト納付、ネットバンキング、ペイジー対応のATMを利用した税金の納付を行うことができる。

　eLTAXとは、地方税共同機構（地方共同法人）により運営される地方税の電子申告及び国税連携のためのシステムのことで、「地方税ポータルシステム」と呼ばれる。eLTAX、e-electronic（電子）、L-Local（地方）、TAX（税）である。eLTAXを利用した申告では、インターネット上の電子的な一つの窓口によるそれぞれの地方団体への手続（地方税の申告、申請、納税等）を行うことができるメリットがある。

　このシステムは、平成17年1月から法人住民税、法人事業税、固定資産税（償却資産）の電子申告として始まり、給与支払報告書の電子的提出（平成20年1月～）、特別徴収税額通知の電子的提供（平成28年5月～）、さらに令和3年10月からは地方税共通納税システムの稼働が始まるなど、eLTAXが担う役割は順次拡大され、今日では「地方税の電子化」の大事な基盤となっている。

　eLTAXの役割は、①電子申告・電子納税　②国税・地方税の情報連携（国税連携）の二つがあるが、②国税・地方税の情報連携では、e-Taxと専用回線やLGWAN（総合行政ネットワーク）を活用して、平成23年1月から所得税確定申告書や法定調書について、国税庁から市町村へのデータ送信が行われ、また平成25年6月からは地方団体から扶養是正情報が国税庁へデータ送信できるようになり、国税と地方税の実務の連携のあり方に大きな変革がもたらさ

れたところである。

　なお、運営主体である地方税共同機構は、地方団体が共同して運営する組織（地方共同法人）として、平成31年4月1日に設立されていることを覚えておこう（法761）。

第 2 章

税務職員としての心構え

Ⅰ　課税の根拠はどうなっているか

　税務課の仕事は、もとより納税者に税金を課税して納めてもらうことを業務としていることは分かると思いますが、最初に気になるのは定められた税目が何に対して、どのように課税しているのかなどの疑問ではないかと思います。これは第1章で述べたようにすべて地方税法及びこの法律に基づき規定された地方団体の税条例に定められており、これらに基づき課税するものです。

　ここで、注意してもらいたいことがあります。それは、通常、憲法、地方自治法等では都道府県又は市町村のことを「地方公共団体」という名称で規定していますが、地方税法では、「地方団体」と定義しており、課税権者は「地方団体の長」である「都道府県知事又は市町村長」をいうこととされています。

　この点は、地方税法の特色ですから意識して、用語の意義が書かれている条文（第1条）をまず自らの目で確かめてください。

●地方税法第1条

> **（用語）**
>
> **第1条**　この法律において、次の各号に掲げる用語の意義は、当該各号に定めるところによる。
>
> 　一　地方団体　道府県又は市町村をいう。
>
> 　二　地方団体の長　道府県知事又は市町村長をいう。
>
> 　三　徴税吏員　道府県知事若しくはその委任を受けた道府県職員又は市町村長若しくはその委任を受けた市町村職員をいう。
>
> 　四　地方税　道府県税又は市町村税をいう。
>
> 　以下略

Ⅱ　課税の根拠となるのは法律か条例か

　地方税法と地方団体の条例の関係について見ると、地方自治の本旨という意味で一番明確なことは、主要税目の税率について地方税法では「標準税率」とこれを超えることのできない上限の「制限税率」が定められ、税率を採用する際に地方団体の裁量が認められていることです。この標準税率は、前記Ⅰと同様に第1条で規定されており、地方団体が課税する場合に通常採用すべき税率であり、この標準税率と制限税率の間の範囲内で地方団体は条例により税率を定めることとされています。標準税率を超えた税率で課税することを超過課税といい、法人住民税の法人税割の税率について大都市をはじめ多くの地方団体で採用されております。

　さらに、この法的根拠について見ると、地方団体は地方税の税目、課税客体、課税標準、税率その他賦課徴収するには条例によらなければならないと規定されています（第3条参照）。

●地方税法第3条

> **（地方税の賦課徴収に関する規定の形式）**
> **第3条**　地方団体は、その地方税の税目、課税客体、課税標準、税率その他賦課徴収について定をするには、当該地方団体の条例によらなければならない。
> 2　地方団体の長は、前項の条例の実施のための手続その他その施行について必要な事項を規則で定めることができる。

　このように、地方団体は税条例に税目や税率等を定め、これに基づき課税するということで税条例の存在意義と根拠が明確にされており、国税が法律に基づき課税する租税法律主義に対して、地方税は条例に基づき課税する租税条例主義と言われています。また、納税者が申告や申請

をする際に使用する申告書や申請者等の様式についても、条例施行規則で様式の大きさ等を定めることとされていることも併せて理解しておく必要があります。

　なお、参考までに触れておきますが、地方交付税を算定する場合において、地方団体がどの程度収入があるかという基準財政収入額を算定する際には、法律の規定どおり標準税率により税収入額を計算することとされています。

●地方税法第1条第1項第5号

> **（用語）**
> **第1条**　この法律において、次の各号に掲げる用語の意義は、当該各号に定めるところによる。
> 　一〜四まで略
> 五　標準税率　地方団体が課税する場合に通常よるべき税率でその財政上その他の必要があると認める場合においては、これによることを要しない税率をいい、総務大臣が地方交付税の額を定める際に基準財政収入額の算定の基礎として用いる税率とする。

III　税金の計算はどのように行うか

　税金は、すべて数字で書かれていますから、およそ半世紀前までは電卓やパソコンのない時代であったので配属された新任税務職員に対して「そろばんはできますか」という上司の会話から始まったものです。現在はパソコンが職員の机上に置かれており、税額計算をはじめどんな計算についても心配することはありません。

　課税するために必要な各種のデータを自前又は委託による大型コンピューターに入力し、税額等を記載した納税通知書を作成して納税者に

送付します。言葉で言うことは簡単ですが、すべてが個人情報であり、資料収集などは慎重に扱う必要があり、神経を集中して対応する必要があります。

　ここで気を付けることは何よりもまずコンピューターへの資料の入力ミスをしないことです。これをどのように防ぐかが最大の関心事です。入力ミスが税額還付などに結び付くことのほか、何よりも納税者の信頼を失うことになりますから十分に注意することが必要です。

IV　税金は期限が過ぎても課税できるか、また時効はあるのか

　税金は、国税・地方税を問わず、定められた一定の期間内に課税するものですが、何かの都合により見落としたりしてその期間内に課税できなかった場合や課税した税額が間違っていたと気づいた場合には、いつまで遡って税額を正しく修正できるかという疑問が湧いてくると思います。

　税法はこのようなことを想定してきちんと手当てがされております。すなわち、何も課税しなかった場合には、原則として定められた納付期限の翌日から計算して3年（固定資産税は5年）を経過した場合には課税することができないこととされており、この期間内に課税しなさいということになります。

　また、課税した税額を修正する場合には、定められた納期限から5年を経過した場合には修正できないこととされており、5年以内に修正しなさいというように期間制限が定められています。

　さらに、課税はしたが、納税の催告すら何もしないまま過ぎてしまった場合には、その税金はどうなるかということですが、課税して何もしない状態でそのまま5年を過ぎると、時効により徴収する権限がなくなります。

このように法律で行使できる権限が定められていますから注意して仕事をする必要があります。

V　納税者の個人情報を守るにはどうすればよいか

　税務の仕事は、納税者の所得や資産等に対して課税するため、納税者の資産や扶養している家族の状況などの秘密事項を知るということから始まります。高度に発達した情報化社会においてこれらの秘密事項が漏れないように守ることはきわめて重要な仕事になります。これは秘密を守る、いわゆる守秘義務ということになりますが、講学的には個人の秘密情報を外部に漏らさないという義務を負うことから「租税情報開示禁止原則」といわれています。^(注) 税務職員は地方公務員法の適用に加え、地方税法の規定により秘密漏えいに関する罰則が重く科されますから、この点についても上司や先輩職員から最初に説明されることですが、重要性をよく理解して仕事をすることが大事です。

　さらに、社会保障、税、災害対策等に使用される「行政手続における特定の個人を識別するための番号の利用等に関する法律」（以下「番号法」という）が施行されてからマイナンバーが税務事務において使用されることになりましたので、これに対する守秘義務も同法により科されますから十分承知しておくことが肝要です。

　これらの守秘義務等の詳細な取扱いについては、「第5章　地方税務職員と守秘義務」で詳しく説明します。

　(注)　金子宏『租税法（第23版）』（弘文堂、2019年）913頁

VI 税法は難しいといわれるが、どうすればよいか

　地方行政は一般的には広く不特定多数の住民を対象にして行いますが、税務の仕事は、納税者あっての業務ですから、納税者一人ひとりを単位として行うものです。このため、対住民関係について十分自覚して対応する必要があります。税務の難しい仕組みなどの内容を広く納税者に説明できるように、普段から税の仕組みなどを学んでいくことを心がけていくことが重要です。

　特に、税法は、あらゆる法律の中でも大変複雑で難しく、法律の専門家である弁護士でさえ難しいと言われています。また、税法は実務を伴うため、法律の条文だけを追って読んでいてもなかなか理解できないところがあります。しかし、税法はいわば手続法ともいわれ、課税から納税に至る手続が規定されていますから、その手続に沿った実務を通して税法を読んでいくと、理解しやすいものと思います。したがって、税務職員として配属された時から実務がどのように流れているかについてできるだけ早く覚えて、税法を読んでいくことを勧めます。

　そうすれば知識も深まり、自信をもって納税者に対応することができます。

VII 税制改正はいつ行われるのか

　他の行政とは異なり、国税・地方税を問わず、税制改正は毎年行われますから改正に関する動きに対して、敏感に反応して内容等を頭に入れて、理解しておくことが必要です。

　さらに、特に他の行政とは異なることですが、税制改正は内閣総理大

臣の諮問機関である政府の税制調査会で審議が行われ、一方、政府与党である自由民主党・公明党の税制調査会においても議論が行われ、毎年12月には翌年度の税制改正について政府与党の税制改正大綱が発表されます。この大綱を基に法律案が作成され、3月末までには国会で可決成立するという手続で行われています。したがって、これらの改正内容はもとより両調査会の審議・議論の状況や動きに注目することが必要です。毎年行われる税制改正の動向を常に捉えていくことが業務を進めるうえで大事であることを認識して、情報に注意してほしいということです。言葉を換えれば、自らのアンテナを高くして、情報をキャッチして仕事に取り組んでいくことが求められます。

　特に、税制改正の内容によっては、地方団体の税条例の一部改正が必要になりますから、改正内容を正確に把握しておくことが求められます。改正された地方税法の施行期日と地方議会の開催日程との関係で、地方議会に一部改正条例を提案できないことも場合によっては生じるため、地方団体の首長による「専決処分」（地方自治法179）ということも時にはありますから、注意するとともに、その手続等を学んでおく必要があります。

●地方自治法第179条

> **第179条**　普通地方公共団体の議会が成立しないとき、第113条ただし書の場合においてなお会議を開くことができないとき、普通地方公共団体の長において議会の議決すべき事件について特に緊急を要するため議会を招集する時間的余裕がないことが明らかであると認めるとき、又は議会において議決すべき事件を議決しないときは、当該普通地方公共団体の長は、その議決すべき事件を処分することができる。ただし、第162条の規定による副知事又は副市町村長の選任の同意及び第252条の20の2第4項の規定による第252条の19第1項に規定する指定都市の総合区長の選任の同意については、この限りでない。

2　議会の決定すべき事件に関しては、前項の例による。
3　前2項の規定による処置については、普通地方公共団体の長は、次の会議においてこれを議会に報告し、その承認を求めなければならない。
4　前項の場合において、条例の制定若しくは改廃又は予算に関する処置について承認を求める議案が否決されたときは、普通地方公共団体の長は、速やかに、当該処置に関して必要と認める措置を講ずるとともに、その旨を議会に報告しなければならない。

Ⅷ　税務課の窓口対応はどうなっているか

　税務課は、住民税の申告時期は別として、住民登録や印鑑証明の交付事務のように絶えず住民が来庁する住民課の窓口ほど混雑はしませんが、国税・地方税を問わず、税金のことを教えてほしいとか、納税について住民が相談に来ることがあります。窓口には初心者ではなく、できれば税務の仕事に精通した経験のある職員が出て対応することが大事です。職員配置については管理職が行うものですが、税務の仕事は納税者対応ということで税金の内容や仕組み等に精通した職員が対応しています。新任職員はその職員の動きをよく観察して、学んでいくことが必要です。

　ここで注意しておきたいことは、窓口に直接来られるのではなく、電話による問合せがあった場合のことです。特に、最も気を付けなければならないことは、本人に「なりすまし」をして問合せをしてくることです。この点は、後述の「本人確認」とも関連することですが、電話先の照会している人が、本人であるかどうかをしっかりと確認することが最も大事な対応です。これは電話を取った職員、それが新任職員かベテラ

ン職員かを問わず、その対応の仕方は共通しておりますから、慎重に対応する必要があります。新聞紙上等でも話題となっているように、電話による回答によって個人情報が漏れて事件に発展することがありますから、こうした事態が起きないように地方団体ではそれぞれ詳細な取扱要領が定められています。まず、これらの内容をよく見ておくことが大事です。

 ## IX　税金は取られるものか

　税務課に配属されるまでは、日常会話の中で働いて収入を得た時や物を買った時などで税金のことが話題となった時には、所得税又は消費税などの税金を「取られた」という言葉で話をしていた人が多いと思います。これからは、税金を理解する意味でもこの点の話し方をぜひ改めてもらいたいものです。

　税金は、これまで述べてきたように財政収入の重要な財源であり、この収入によってこそ広く社会保障をはじめ各種の事業が執行できるものです。税金はあくまでも「支払う」ものという感覚をもって、日常会話はもとより仕事に取り組んでほしいものです。

 ## X　税務事務には連帯感が必要といわれるがどうか

　情報化社会が進行している中にあって、一般的にパソコンが便利なことは事実ですが、弊害もあります。それは各係の係員同士の会話、いわゆる通常のコミュニケーションでさえ少なくなっていることも事実で

す。同じ課内や係内でありながら「昼食に行こう」とか「今夜飲みに行こう」とか、ごく普通の日常会話ですらメールにより行われている状況は民間企業、役所に限らず、最近ではどこの職場でも見受けられる光景ともいわれています。

　役所の中でも、特に税務課は前述のとおり納税者対応が必須ですから、普段から職員同士お互いに声を掛け合い、話し合いながら情報をお互いに共有し、チームワークを図りながら、連帯感をもって業務に取り組んでいくことが求められます。

Column　ふるさと納税ってなに？

　「ふるさと納税」は、マスコミ等で大きく取り上げられているが、制度の趣旨が的確に捉えられているかどうか疑問である。税務職員はこの点を十分に意識して、実務に取り組んでいく必要がある。

　「ふるさと納税」は、平成19年10月の「ふるさと納税研究会報告書」に基づき、「今は都会に住んでいても、自分を育んでくれた『ふるさと』に、自分の意思で、いくらかでも納税できる制度があっても良いのではないか」という問題提起から発足したものである。このように都会に出て、教育を受け、そこで就職すると、ふるさとには税が入らないのでこれを何とかしようとする趣旨から始まったものである。確かに、住所地課税である住民税を生まれ育ったふるさとに納税できないため、納税という税の形ではなく寄附金を納めることにより、地域の活性化にも貢献できるということである。

　その寄附金については、納税者の選択により、どこの地方団体に寄附しても所得税及び住民税について寄附金税額控除を受けることができるとされている。「ふるさと納税」の最も大きな特徴は寄附金を受け取る地方団体が国民から寄附が得られるように地域の特性や取組み内容等を広くアピールできることである。地方団体では、寄附した人に対して地域の特産物等を返礼として贈ることとしており、これによって納税者はこの寄附金制度を幅広く活用しているのが実態である。しかも、インターネットを活用して寄附金を取り扱っているなど、厳格な税制度から見るときわめて柔軟な扱いであり、この制度が広く利用されている所以でもある。さらに、寄附金を受ける地方団体では特産物の贈与に伴ってその特産物の生産量が増加し、幅広く宣伝できるという新たなメリットが生まれ、自治意識の高揚や地方創生に貢献できる制度であるともいわれている。なお、この制度の利用者が増加しており、平成27年度からは確定申告を要しない給与所得者等が寄附した場合、寄附金税額控除申請書を寄附した地方団体に提出し、その団体が寄附者に代わって手続を行うことにより特例が認められる「ふるさと納税ワンストップ特例制度」が創設された。

第 **3** 章

税務職員としての作法

第２章では税務職員としての心構えを述べてきました。税務職員として取り組むべき心構えや仕事の内容は概ね分かると思いますが、第３章ではどのように取り組んでいくのか税務職員としての作法について説明します。

Ⅰ　課税資料の収集はどうするか

　地方団体が自ら課税の基となる必要な資料を収集して課税するという課税の仕方を賦課課税といいます。これに対して、国税の所得税や法人税のように納税者が自ら税額を計算して納付するという方法を申告納付課税といいます。このように税金の課税方法には基本的にはこの二つの方法があります。地方団体の主要税目である固定資産税は土地家屋の評価をして価格を計算して課税しますが、個人住民税は基本的には所得税の資料を基礎として課する賦課課税ですからそのための資料の収集を行ってから、これに基づき課税します。この点については市町村税のうち主な税目について後述（第４章参照）しますが、課税するにはそのための資料の収集作業から始まることを理解することが必要です。

Ⅱ　国税と協力するといわれるが、どうなっているか

　税務の仕事は、国及び地方団体とも税金を課税して納めてもらうことでは共通していますが、国税は納税者からの申告に基づき納付されるのに対して地方税は前述のとおり地方団体が資料等を収集して課税する賦課課税が主力である点において相違しています。

　しかし、もとより税金を課税することについては全く同じですから、

国と地方団体は互いに協力して税務行政を推進しようということで、自治庁（現総務省）と国税庁が協議して得た了解事項を基に作成された「国と地方団体との税務行政運営上の協力について」（昭和29年9月20日。第9章201頁参照）という旧自治庁からの通達があり、現在もなお引き続きこれを基に事務手続等が進行しています。したがって、国と地方団体は協力し合って税務行政を推進することで一致しており、地方団体は所轄の税務署とお互いに遠慮することなく、協力して業務を行うことができます。

このことは実際に実務に就いて仕事を始めた時に、この通達の存在意義が身近なものとして理解されるものと思います。

 # Ⅲ　税務職員の身分証書の携帯

固定資産税は土地や家屋の評価をして評価額を算定し、これを基に課税しますが、特に、家屋については納税者の家に直接伺って室内を調査しますから「税務職員証」又は「徴税吏員証」のほか、「固定資産評価補助員証」を携帯して、請求があればいつでも提示できるように身に着けておくことが必要です。これは、税務職員として必携の「証」ですから常に心に留めておいてほしいものです。

特に、徴収担当の職員は、納税者や関係者等と直接接触しますから、当然のことながら「徴税吏員証」の携帯は欠くことのできない重要なものです。

Ⅳ　税法、条例、通達は身近におくこと

　地方税法や税条例及びこれらの執行のために作成された通達等については、必要な時にはいつでも手に取って見ることができるように身近において、まず調べることを習慣化することが大事です。理解できない時やはっきりとしない場合には、もとより先輩職員に相談すること又は聞くことも必要なことです。しかし、自ら調べることは初めて税務職員となった時を一つの契機として、進んで行うことを身に付けておくとよいでしょう。最近では、机上のパソコンを駆使してインターネットにより法律等を調べることが多いかもしれません。しかし、書物を通して調べることを日頃から自らの習慣として行うように行動することが大事です。このことは、その後、人事異動によりいかなる業務に配置された時でも必ず役立つ習慣になります。

　また、税法の読み方には、ある程度、法令用語の知識が必要となりますから、本書の第8章「税法を読んでみよう」を参考にしてください。

Ⅴ　税務事務はチームワークが必要

　税務の仕事は、前述のとおり年間スケジュール表のとおり流れていく仕事ですから、その流れが止まらないように職員同士あるいは印刷等の税務業務の一部を委託している民間業者等ともチームワークをしっかりと取りながら進めていくことが重要です。

　このあたりのことは先輩職員から常に聞いていることかもしれませんが、特に課税担当と徴収担当との緊密な連携は不可分なものとして認識して業務を行うことが必要です。中でも徴収担当の職員の場合には、納

税者（滞納者）の個々の接触状況や滞納に至った経緯等を引き継いでいくことが多いので、その引継事項は漏らさずに受けて、自らのメモとしても記載しておくことが大事です。税務の仕事は正に対人関係の仕事ですから、納税者に不信感を抱かせないように対応していくことが解決への近道になります。

VI　税負担を軽減することはあるのか

　税金は負担の公平の原則から、同じ条件にあるものは同じ負担をするというのが大原則ですが、例えば前年の所得を基に課税する住民税については収入のあった年の翌年度に課税しますから、納税者の個々の状況により納付困難になったような場合には、地方税法の規定に基づき各地方団体では税条例に減免あるいは免除の規定を設けているものです。このように個々の納税者の状況に応じて納付困難という実態を捉えて減免を行うこと、さらに災害等による事由あるいは公益上その他の事由等により減免を適用することもありますから、この点について認識しておくことが大事です。これらのことは課税段階だけではなく、徴収面で延滞金の減免ということもあり、全ての税目に共通することですから、自らの地方団体の条例・施行規則の減免規定の内容をよく見ておくことが必要です。

Ⅶ　税務の窓口における本人確認

　税務の窓口には納税者だけではなく、いろいろな住民が訪ねて来ますが、特に注意することは所得や扶養家族等の個人情報を照会してきた時に、本人かどうかの確認をどのように行うかです。

　窓口で、本人を前にして疑うことではありませんが、大事な個人情報が他に漏れないようにするために、本人であることを証する顔写真付きの書類、例えばマイナンバーカード、運転免許証やパスポートなどの提示など、本人であることが確認できる書類、証書等の提示を求めて確認することが重要です。これらの手続等の詳細については各地方団体において独自に詳細な取扱要領を定めていますから、よく見ておくことが必要です。

Ⅷ　徴収職員の心構え

　税務職員が根気よく対応する必要があるのは、税金が滞納になっている場合です。滞納者には諸事情があることも考えられますが、納付しないまま行方が分からないこともありますから、滞納者との接触は常に心掛けて、実態調査をすることなどの地道な対応が必要になります。国税や他の地方団体との連携を図ることもありますから、幅広く関係団体と連絡し合いながら進めていくことが大事になります。粘り強く連携を図りながら滞納者との接触の機会を増やす努力が必要になります。要するに、滞納整理には王道はないと言われているように理屈ではなく、負担の公平の観点から滞納者と直接対面して実態に即した地道な対応で粘り強く取り組んでいくことが肝心です。

IX 税務研修への参加

　税法のように複雑で難しいものをどのような心構えをもって取り組んでいくかなどについて述べてきましたが、自分一人の努力だけではなかなか前に進んでいかないこともありますから、そのような場合にどうすればよいかについて述べましょう。

　地方団体内の研修だけではなかなか効果が現れないということも事実ですから各地域に設置されている地区税務協議会を活用して、講師を招き研修会を開催することが手短な方法であると思います。研修会を通して、他の地方団体がどのような取組みをしているか等の情報交換ができること、さらに、どのようなことに困って悩んでいるか等の情報を交換することによって親近感が自然と湧いてくるものです。このような研修会には、多くの職員が参加して学ぶことが大事です。

　さらに、総務省所管で「公益財団法人全国市町村研修財団」の運営する「市町村アカデミー」や「全国市町村国際文化研修所」では、税務研修をはじめ各種の行政研修を行っていますから、ぜひ参加して全国の状況を知ることも大変効果があるものです。これらは日頃の成果を競う一種の他流試合のようなものですが、参加することによって刺激を受けて自分を磨くことが大事なことです。

　そして、研修に参加した職員は、自分のみの知識とするだけではなく、職場に戻ってから研修で得た知識や内容等を係内やグループなどで話し合いを行うなど、研修の成果をお互いに共有し合うことが大事ですから、ぜひ実施してお互いに意識を高めていくことが必要です。これは、研修のために職員を送り出す管理職の願いでもあります。

Ⅹ　税務職員を経験するということ

　税務の仕事は他の行政とは異なり、これまで述べてきたように全く反対給付のない行政であり、負担の公平の原則から同じ条件にある人は同じ負担をしてもらうことになりますから、こうした実務経験を通して税金の使途に大きな関心を抱くようになります。

　納税者が税金を納付されている姿を直接目にしていると、納付納入された税金について地方団体の歳入として事業を執行する場合、無駄な執行はできないことを教えられる思いがするものです。このような貴重な経験を通して、行政とは何かを改めて自問するようになります。

　この税務経験をあらゆる行政に広く活かすために、かつてある大都市の著名な市長は、事務職員はすべて税務を経験してから業務に就くことにしてはどうかと常に話をされておりました。現実にはそのとおり実行されなかったようですが、それだけ税務の仕事とは行政の要であり、行政を執行するに際して納税者が納めた税金という公金の扱い方や歳出に対しては、決して無駄をしないというものの考え方まで影響することを告げているものと思います。

　したがって、税務職員として誇りをもって仕事をされるように、さらに上記のような趣旨を踏まえ、貴重な税務経験を広く行政に活かされることを期待します。

Column 税金と料金の違いは？

　税金は、本書でも述べているように特別な給付に対する反対給付としてではなく、法律（条例）の規定に基づき課税するものである。

　税金はこのような性格を有しているが、日常生活に密接で、かつ全市町村で取り扱っている国民健康保険を例にしてみると、その財源については、税として課税するか、料金として課税するかは法律の規定により市町村の判断で行うこととされている。賦課している実態を見ると、税として課税している市町村が圧倒的に多く、他税目と一緒に徴収事務を行うことができるという手続的なメリットがあり、効率的であるといわれている。

　また、下水道使用料などの公金は、下水道を使用することに対する反対給付として料金を徴収するという点で、税金とは基本的に相違する点であるが、この料金については、税金のように徴収手続がスムーズに進まないという違いも現実にはある。

　そこで、現行規定をみると、公的な料金の徴収については国税又は地方税の滞納処分の例により処分することができるという規定がある。しかし、この規定が現実の実務においてどれだけ有効に機能しているかどうかが問題である。料金の徴収担当者は、税務職員のように差押え、公売、換価配当までできるかどうかであるが、国税徴収法等の税法の規定を習得しているとは言い切れない点がある。納めている者と納めていない者との負担の公平を図るため、納めていない場合には税の滞納処分の例により行うという規定の存在が我が国の法体系の特徴でもあるが、実態面では実効性を伴っていないともいわれている。

　このような実態から、最近では国民全体に対する普遍的な給付についてはむしろ租税へシフトするべきではないかという意見もあるが、納めた人と納めていない人との負担の公平性を真剣に考えて実務を行ってほしいものである。

第4章

シゴトの流れ
— そのポイントを踏まえて

I　個人住民税の実務のポイント

　個人住民税は、市町村や道府県の主要財源であり、市町村の税収においては、37.5％を占める基幹的な税です（令和２年度決算額）。なお、市町村民税と道府県民税は市町村で一緒に徴収され、のちに道府県民税分を道府県に支払うことになっています（法41）。このため、両税を合わせて個人住民税といいます。

1　個人住民税の繁忙期のイメージ

　個人住民税の実務は、とくに１月の給与支払報告書の収受から６月の納税通知の発送までの繁忙期を「賦課期」あるいは「定期の課税期」などと呼んで、タイトな日程の下で仕事をしています。

　まずはこの時期の事務量をあらかじめ大ざっぱにイメージし、その後個人住民税の主な事務のポイントを解説することとします。

　個人住民税の特徴は、限られた短い期間内にたくさんの事務を重畳的にこなしていくことにあります。まず年が明けるとぼつぼつ給与支払者から給与の支払報告書が送られてきます。期限は１月末ですから月末にかけて山なりに事務が増加してきます。この時期から住民税申告書の発送の準備を進め、２月には納税者に届くようにします。発送してから数日にして住民税申告書を受け取った納税者から電話での問合せがあります。納税者によっては申告書が届いたというだけで不服の電話をかけてくる人もいますので、申告書を送った趣旨を丁寧に分かりやすく説明することが大切です。

　所得に関する申告の期限は所得税、個人住民税ともに３月15日ですから、この時期は納税者との応接に昼間の時間をとられ、資料の点検や整理が十分進まないので、計画的に来庁者が去った後に整理することになります。地域によって異なりますが、２月を超えると税務署資料の収

集と整理があります。税務署、道府県、市町村の三税共同の申告・相談会の準備もしなければなりません。賦課期も後半の５月には年金資料の整理も始まります。様々な資料を整理し、あらかじめ計画された電算事務日程を見ながら、バッチやオンラインによるデータ入力を行います。入力結果の出力があると、その点検に忙しくなります。

　５月には特別徴収義務者あての税額通知書の出力と発送があります。特別徴収義務者を通じて納税義務者あてに５月末までに通知しなければならないので、出力と発送の時期には十分注意を払う必要があります。この事務を終えると、いよいよ住民税の納税通知書の出力と発送の準備です。発送して２～３日で電話と来庁者で窓口は大賑わいです。

　こうして６月の半ば過ぎまで窓口応対に多くの事務が重畳的に進行します。どこの職場でもベテランのチーフ格の職員が賦課期の計画表をにらみながら全体の業務を進めており、職場内の連携が大切ですので、留意しておいてください。納税通知書を発送して以降は、税額異動等が行われることから、「異動期」などと呼ばれています。異動期は、扶養設定や扶養控除の重複の是正等のための税額変更事務があります。事務量は、６月の納税者との応接以降なだらかに下降します。こうして、11～12月に予定されている源泉徴収事務と特別徴収事務の共同説明会につないでいきます。

　それぞれの地方団体は、人口規模やシステム化の進展状況、職員配置状況、さらには都市構造の違いによる納税者層の違いといった事情などにより、事務処理方法といった仕事のやり方などは異なるところがありますので、以上は大ざっぱなイメージとして捉えていただければと思います。それでも共通項としての繁忙期である賦課期や税額異動に係る異動期といった事務の繁閑といった個人住民税の特色は共通のものと思われます。

　賦課期については、図表４－１のような事務がおよそ半年の間に予定されています。

◆図表4－1　賦課期の賦課事務

賦　課　事　務	法定処理期限
給与支払報告書の受理と入力処理・出力帳票の確認・修正入力等	1月末 賦課期を通じて
住民税申告書の発送・受付と入力処理・出力帳票の確認・修正入力等	3月15日まで 賦課期を通じて
確定申告書の収集と入力処理・出力帳票の確認・修正入力等	賦課期を通じて
e-Tax分データ、KSK（国税総合管理システム）データに関する点検確認等電算事務処理	賦課期を通じて
給与所得に係る特別徴収税額通知書の発送等	5月中旬
公的年金からの特別徴収に関する事務処理	5月25日まで
納税通知書の発送等	6月初め

　以上は、賦課期の長い期間を通じて、賦課資料の収集・受付、電算入出力事務、課税通知書類の出力、発送等の事務に多くの手間を要し、事務量が高止まりに推移していきますが、6月の納税通知書の発送後の納税者からの問合せや応対が終わって、7月から年末にかけての異動期では、事務量は、緩やかに逓減します。多くの地方団体にとって異動期では、扶養控除の重複等を理由とする扶養照会や法定調書（報酬等の支払調書等）を課税台帳と突き合せることによって未申告者を抽出し、期限を定めて市町村の事務所への来所のお願い文書を作成送付し、再賦課決定（税額変更）の手続を行うことになります。

2　納税通知書の作成・発送・返戻分調査

　通常、毎年6月に、市町村から納税義務者に住民税の納税通知書と納付書が送付され、この納付書により市町村の事務所や金融機関・郵便局などの窓口で市町村民税を支払うことになります。支払いの期間（納期）は通常、6月・8月・10月・1月の4回とされており、このよう

な市町村税の徴収方法を普通徴収といいます（法320）。

　このほか、給与所得者については、市町村民税をその年の6月から翌年の5月までの12回に分けて、事業所が給与から差し引き、事業所が取りまとめて市町村に納付することになっており、この徴収方法を特別徴収といいます（法321の4）。

　では、普通徴収の住民税の納税通知書の作成、発送はどのように行うのでしょう。

　納税通知書には、所得に係る所得割額（所得に税率（標準税率：市町村6％、道府県4％）を乗じて算出）と均等割額（標準税率：市町村3,500円、道府県1,500円*）の合算額やその算定基礎等を記載しなければならないとされています。

*震災対策事業等の財源確保の臨時措置として、平成26～平成35年度（令和5年度）までの10年間、市町村民税、道府県民税の均等割額をそれぞれ500円引き上げている。

　しかし、地方税法に定められた事項を記載した納税通知書だけでは、市民に分かりにくいとの指摘もあることから、税額計算の方法等を分かりやすく記載したチラシ等を別に作成・同封して、納税義務者である市民への説明をしている市町村も多いと思います。

　このようにして発送した納税通知書は納税者に到達することが予定されていますが、納税者に届かなかった場合には、宛先不明等で役所に通知書が戻ってきます。このような通知書を通例「返戻分」の通知書と呼んでいます。

　納税通知書は、納期限10日前までに交付しなければならないとされていますので、正確な宛先を調べ、再送付する必要があります。

　返戻分の対応については、送付先が同一市町村内であれば住民基本台帳等の住民記録情報の閲覧等により、転居先等の把握を行います。他市町村の場合については、当該他市町村の税務担当部署等に文書照会等により異動状況を把握することなどその把握に努めます。

　いずれにしても、返戻分への対応は納期限が迫っていることから、市

民税担当部署では、納税通知書を発送後、優先的かつ迅速に進めなければならない事務です。

　このようにして返戻調査を進めても、なお、送達先が不明な通知書が発生してしまうものと思われます。このような場合には、送達すべき通知書等の書類を保管し、送達先である者にいつでも当該書類を交付する旨を役所の掲示板に掲示して行います。これを公示送達といい、この掲示を始めた日から起算して7日を経過した時は、書類の送達があったものとみなすこととされています（法20の2）。

3　未申告者等の調査

　個人住民税の課税にあたっては、所得税の確定申告や住民税の申告書等により、課税を行いますが、この申告書が提出されていないものや申告事項に不備があるものについて調査を行う必要があります。

　この調査は、通例、納税通知書の発送事務が一段落した後、来年度の課税事務が本格化する11月前ごろまでに行っており、毎年度計画を立て対応することになります。

　調査計画は、未申告者数等を把握し、調査地域や調査対象について効率的な調査方法を検討する必要があります。

　未申告者に申告の期限を指定した「申告の催告書」を送付し、調査を進めます。この催告によっても、なお申告がない場合には、実地調査に入ることになります。

　未申告者の照会等において、住民登録とは別の住所を生活の本拠地として提出された場合については、その者を住民基本台帳に記録されている者とみなして課税することとなりますが、この場合において、その者が他の市町村の住民基本台帳に登録されていることが判明したときは、その旨を当該市町村に通知しなければならないとされています（法294③）。

　実地調査の準備としては、前年度の申告実績、世帯構成、世帯員収入状況等を記載した調査票を事前に作成し、調査の便宜を図ります。

実地調査は、納税義務者の自宅等で面談することから、服装や言葉遣い等に注意をして、相手方に不信感を与えないようにしなければなりません。また、調査にあたっては、徴税吏員の身分を証明する証票を携帯し、相手方の請求があった場合に呈示することとされていますが、この請求を待たず呈示するよう心がけることが大事と思われます（法298②）。

調査にあたっては、不在の場合も考えられることから、調査のため訪問した旨の手紙等を投函するほか、調査先の住宅や事務所が自己所有と考えられる場合は固定資産税担当との連携による情報の活用等を図ることも有用となります。

4　特別徴収の課税事務

個人住民税の特別徴収は、就業人口者の約9割を占める給与所得者について、給与の支払者から給与支払報告書の提出を受け、給与からの源泉徴収により住民税を徴収する仕組みであり、所得税の源泉徴収制度と同様に効率の良い徴収方法となっています。

特別徴収の課税事務は、まず、1月1日現在給与の支払いをする者は、1月31日までに給与の支払いを受けている者の住所所在の市町村長に給与支払報告書を提出しなければならないとして、給与支払者を指定することから始まります（法317の6）。

給与支払報告書用紙の給与支払者への発送にあたっては、前年度実績に基づく事業所ごとの必要部数の把握や、法人の設立届等による新規開設事業所を把握し、必要とする事業所への発送を行うことになります。

そして、この給与支払者である事業者から給与支払報告書を正しい記載内容で提出期限までに提出してもらうため、多くの市町村において、当該地域の税務署と合同で年末調整説明会を実施しています。

年末調整とは、事業所等の給与の支払者が給与を支給する各人ごとに、年間にわたって、月々の給与の支払いの際に源泉徴収してきた所得税額を、最終的な所得税の年税額に一致させるための年末における清算

手続をいうものですが、この事務に合わせて給与支払報告書の作成も行うことから、給与支払者の事務負担軽減のため、その様式は所得税の源泉徴収票と同一の様式となっています。

　年末調整説明会は、11月初旬から下旬にかけて税務署主催で開催されますので、給与支払報告書の記載や提出方法について、チラシを作成するなどの準備を行うとともに、税務署と説明会の進行等について十分連絡調整を図り実施することになります。

　給与支払報告書の収受が1月から始まると新年度の特別徴収事務が本格的に始まります。

　給与支払者から提出された給与支払報告書の内容確認については、給与支払者の所在・名称・指定番号等の確認と給与の支払いを受ける個人の住所・氏名・生年月日・給与支払額・所得控除額等について詳細な内容点検を行い、課税事務の適正化に備えます。

　この点検を終えた報告書について、電算入力を行い、特別徴収税額通知書が完成しますので、これを5月末までに特別徴収義務者と、これを経由して納税義務者に通知することにより、特別徴収の課税事務がスタートすることとなります。

　また、老齢基礎年金等を受給していて、個人住民税の納税義務がある65歳以上の人については、公的年金等（国民年金、厚生年金、企業年金、共済年金などを含むすべての公的年金等）から算出した税額を、年6回の年金給付の際に差し引いて特別徴収することとされています。この場合、特別徴収開始1年目の人は特別徴収の開始が10月からとなり、公的年金等から算出した税額の2分の1相当額を公的年金から10月、12月、2月の3回に分けて特別徴収します。公的年金等から算出した税額のうち、公的年金からの特別徴収税額を差し引いた額は、普通徴収の第1期及び第2期により納付することとなります。

5 　個人住民税申告書、確定申告書の収受等

(1)　個人住民税申告書の収受

　市町村内に住所を有する個人は、次の者を除き、毎年3月15日まで
に個人住民税の申告をしなければならないとされています（法317の2）。

①　給与支払報告書、公的年金等支払報告書が提出されている一定
　　の者

②　所得税確定申告書が提出されている者

③　市町村の条例で申告義務を免除された者

　個人住民税は賦課課税であるため所得税の確定申告と異なり、その申
告書はあくまでも課税資料としての性格に留まり、個人住民税額の決定
はこれを基礎として市町村長が行うものです。

　個人住民税の申告書については、前年の実績等に基づき納税義務者へ
の発送が行われ、その後、市町村において受付事務が始まることになり
ます。申告期限は地方税法に定められていますが、開始期限は定められ
ていないことから発送後直ちに専用受付窓口を設置するなど収受事務に
入ることになります。

　個人住民税の申告者は、所得税の所得控除額が課税所得金額を上回る
ため所得税の申告義務はないが、住民税の申告義務がある者の申告、ま
た、所得税も住民税も課税所得金額はないが、国民健康保険料（税）の
福祉サービスの利用料等の算定において住民税で決定した所得金額が利
用されていることから、非課税申告を行う場合が多い状況にあります。

　このように収受した申告書の内容点検ですが、所得税の確定申告者の
ように申告に熟知している納税者が少ないと思われることから、申告項
目が漏れなく記載されているかといった初歩的な内容点検に注意して行
うことが要請されています。

　また、平成28年度分の申告からマイナンバーの記載が義務付けられ
たことから、その記載の有無について点検を行います。

(2) 所得税の確定申告書の収受

　所得税の確定申告書等の収受については、税務署、道府県、市町村の税務機関で設置した地区税務協議会で、三税の機関が協力して行うこととしており、税務署内や申告期間に特別に設置した確定申告会場に各機関の職員が出張して行っているところです。

　所得税の確定申告書の内容については、この税務署で収集した申告書の写しによる資料のほか、KSK（国税総合管理システム）により電子データによる資料提供も実施されています。さらに、所得税の電子申告（e-Tax）によるデータでの提供は、その課税入力事務の省力効果が大きいことから、その普及・拡大を図るためPRに努めていく必要があります。

　以上のとおり収受した市民税申告書や所得税の確定申告書及びこれらに関する電子データ等を個人住民税の課税資料として、課税事務が進められ、最終的に個人住民税の納税通知書等の作成が行われることになります。

◆図表4－2　年間事務計画表（個人住民税）

月	課税事務等	調査事務	その他
4月	・住民税申告書入力 ・課税資料の名寄せ		
5月	・特別徴収税額通知書の発送		
6月	・普通徴収税額通知書の発送 ・返戻調査	・未申告調査の計画策定	・課税証明発行
7月		・未申告調査	
8月		↑	
9月			
10月			
11月	・給与支払報告書の発送 ・年末調整説明会		
12月		↓	
1月	・給与支払報告書収受	・未申告調査結果報告	
2月	・住民税申告書の発送 ・給与支払報告書の入力		
3月	・住民税申告書入力		

6 比較キーワード 個人住民税

(1) 雑所得と公的年金

　雑所得とは、課税の対象となる所得区分の一つとされており、所得税法では、所得を利子所得、配当所得、不動産所得、事業所得、給与所得、退職所得、山林所得、譲渡所得、一時所得、雑所得の10種類に分類しています。雑所得は、概念のはっきりした他の9種類の所得のいずれにも当たらない、いわばその他の所得をいうものであり、このことは所得税法が事業や勤労などの反復的に継続的に発生する所得のみでなく、一時的、偶発的に発生する所得をも対象とする極めて広範囲な所得概念を採用していることを表わしています。このように雑所得の定義は極めて広いものとされていますが、雑所得の例としては、公的年金、非営業用貸金の利子、著述家や作家以外の人が受ける原稿料や印税、講演料、報酬などがあります。

　雑所得のうち最も一般的な例として挙げられるのは公的年金です。年金について歴史的にみると、昭和61年までは給与所得として課税されていましたが、年金は高齢者に課税されるため軽減する必要がある等の理由から、給与所得から雑所得に分類されました。公的年金に係る所得金額については、収入金額から公的年金等控除額を差し引いた額とされ、これ以外の雑所得については、収入金額からその収入を得るために支出した金額、いわゆる必要経費を差し引いた金額が所得金額となります。このように同じ雑所得でも所得金額を計算する場合に違いがあることを注意しておく必要があります。

　この雑所得の対象となる主な公的年金は、国民年金法、厚生年金保険法、国家公務員等の共済組合法などの規定による年金とされています。

　公的年金の支払いを受けるときは、原則として収入金額からその年金に応じて定められている一定の控除額を差し引いた額に一定の率、例えば5％を乗じた金額が所得税の源泉徴収税額として徴収されています。

　公的年金に係る雑所得の金額から所得控除を差し引くと残額がある場

合は、確定申告で税額を精算することとなりますが、平成23年分以後の所得税については、その年において公的年金に係る雑所得を有する者で、その年中の公的年金の収入金額が400万円以下であり、かつ、その年分の公的年金に係る雑所得以外の所得金額が20万円以下である場合には確定申告が不要とされました。このため、これまで2か所以上の年金があって申告納税額が発生したり、年の中途で扶養が外れたなどのために税務署に確定申告しなければならなかった年金受給者などが個人住民税の窓口に申告書を提出しなければならないこととなり、繁忙期の市町村の窓口の新たな課題となっています。

　平成21年10月から、65歳以上の公的年金受給者の個人住民税について、年6回の公的年金給付の際に特別徴収する制度が導入されました。公的年金については、従来から所得税の源泉徴収が行われるとともに、介護保険制度が創設された平成12年度以降、介護保険料について特別徴収が行われ、平成20年度からは国民保険料（税）についても特別徴収が行われてきました。これらの特別徴収の実施状況を受け、個人住民税についても特別徴収を行うこととされたものであり、年金受給者の納税の便宜と市町村の徴収事務の効率化を図る趣旨に基づき導入されたものです。

　この特別徴収の対象とされる個人住民税額については、公的年金の所得に係る個人住民税額のみが対象となり、公的年金に係る所得以外に給与所得を有し、給与からの特別徴収が行われている者には、給与所得に係る個人住民税額は給与からの特別徴収を行い、公的年金のほかに公的年金に係る所得及び給与所得以外の所得がある者については、その所得に係る税額は従来どおり普通徴収によって徴収されるが、公的年金又は給与からの特別徴収によることも可能とされました。

　したがって、給与所得、公的年金及びその他の所得の3種類の所得がある場合には、3通りの課税が行われることになり、その納税者は納税する時期がそれぞれ異なっているため、住民税を年間いくら納めているかなど、分かりにくく、困惑しているのが実態です。

(2) ひとり親控除と寡婦控除

　個人住民税や所得税における寡婦控除及び寡夫控除は、夫や妻と死別・離別し、家族の生計を支えていかなければならない者に対する税負担の軽減措置ですが、婚姻歴のない、いわゆる未婚のひとり親は寡婦（寡夫）控除の対象とされていませんでした。このため、令和２年度税制改正において、未婚のひとり親を寡婦（寡夫）控除の対象とするとともに寡婦控除を見直すこととされ、令和３年度分（所得税２年分）から適用することとされました。

　改正前の寡婦控除の「寡婦」とは、次に掲げる者とされ、その控除額は26万円（扶養親族である子を有し、前年の合計所得金額が500万円以下である寡婦は30万円）とされていました。

① 　夫と死別・離婚した後婚姻をしていない者又は夫の生死の明らかでない者で一定のもののうち、扶養親族、同一生計の子で前年分の総所得金額等が48万円以下のものを有するもの

② 　夫と死別後婚姻をしていない者又は夫の生死の明らかでない者で一定のもののうち、前年の合計所得金額が500万円以下であるもの

　また、寡夫控除の「寡夫」とは、妻と死別・離婚した後、婚姻をしていない者又は妻の生死の明らかでない者で一定のもののうち、その者と生計を一にする子で前年分の総所得金額等が48万円以下のものを有し、かつ、前年の合計所得金額が500万円以下であるものとされ、控除額は26万円とされていました。

令和２年度税制改正の内容

　未婚のひとり親も婚姻歴のある親も経済的に苦しい状況は同じであり、離婚・死別した親の子どももいわゆる「未婚の母」等の子ども「ひとり親の子ども」という点では同じであって、過去の婚姻歴の有無で区別することは不公平であるという点から、改正前の寡婦（寡夫）控除の適用対象に「未婚のひとり親」を追加した「ひとり親控除」を創設し、寡夫は「ひとり親」に含まれることから「寡夫控除」は廃止されました。

---

(1)　ひとり親控除

　ひとり親控除の「ひとり親」とは、婚姻歴の有無や性別にかかわらず、現に婚姻をしていない者又は配偶者の生死の明らかでない者で一定のもののうち、次に掲げる要件を満たすものとされ、その控除額は30万円とされました（法292①十二、314の2①八の二）。

　　ア　生計を一にする子で前年分の総所得金額等が48万円以下のもの（他の者の同一生計配偶者又は扶養親族とされている者を除く。）を有すること。

　　イ　前年の合計所得金額が500万円以下であること。

　　ウ　その者と事実上婚姻関係と同様の事情にあると認められる者がいないこと。

(2)　寡婦控除の見直し

　男性のひとり親と女性のひとり親の間の不公平も解消することとされたが、女性の寡婦についても、男性の寡夫と同様の要件とするため、合計所得金額500万円の所得制限を設けることとされました。

　また、令和2年度の改正後も、合計所得金額500万円以下の扶養親族のいない死別女性、子以外の扶養親族を持つ離別女性については、改正前と同様の26万円の寡婦控除を適用することとされました。

　具体的には、寡婦の要件について、次の見直しを行ったうえで、ひとり親控除の創設に伴い、改正前の寡婦（寡夫）控除をひとり親に該当しない寡婦に係る寡婦控除に改組することとされました（法292①十一、314の2①八）。

　　ア　扶養親族を有する寡婦についても、合計所得金額が500万円以下であることの要件が追加された。

　　イ　その者と事実上婚姻関係と同様の事情にあると認められる者がいないことの要件が追加された。

　なお、旧寡婦控除の特例（控除額を4万円加算し、30万円とする特例）は、ひとり親控除の創設に伴い、廃止されました（旧法314の2③）。

Ⅱ　法人住民税の実務のポイント

1　事務の概要

　法人住民税は、市町村内に事務所や事業所等がある法人に対して課税する税金です。法人税額を課税標準として計算される「法人税割」と、法人の規模（資本等の金額、従業者数）によって課される「均等割」を合算して課税されます。また、市町村内に事務所や事業所はないが、寮、保養所等がある法人は、「均等割」のみが課税されます。

税　率

（均等割の標準税率）

資本金等の額	道府県民税均等割	市町村民税均等割	
		従業者数50人超	従業者数50人以下
1,000万円以下	2万円	12万円	5万円
1,000万円超1億円以下	5万円	15万円	13万円
1億円超10億円以下	13万円	40万円	16万円
10億円超50億円以下	54万円	175万円	41万円
50億円超	80万円	300万円	

（法人税割の標準税率）

・道府県　　1％

・市町村　　6％

税額の計算・納付は、各々の法人が定める事業年度終了後、法人が自ら税額を計算し、法人税の申告書の提出期限までに申告納付します。他の市町村にも事務所等がある分割法人については、法人税割の課税標準は、それぞれの市町村の従業者数の割合に応じて分割した額になります。

この事務は、毎月ほぼ同じサイクルで行われますが、3月決算法人が最も多いことから、3〜5月にかけて繁忙期を迎えることとなります。

申告対象である法人の把握については、条例で法人の設立、開設、その他の異動（事業年度等の変更）について届出を義務付けています。

法人を設立又は事務所等を設置したときは、「設立・開設届出書」に定款及び登記簿謄本の写しを添付し、また、事業年度、納税地その他の変更については「変更・異動届出書」に定款、登記簿謄本又は総会議事録等の写しを添付して、提出することとされています。

これらの届出書は、税務署、県税事務所及び市町村提出用にそれぞれ作成・提出するものですが、多くの地方団体では、三税協力により届出様式の統一等を図って実施しており、いずれかの機関に提出すれば、提出のあった機関を通じて他の機関に回付することとされています。

月間の事務の流れとしては、収受した申告書に基づく台帳作成、翌月申告分の申告書の発送、未申告法人の調査、課税資料による更正・決定等を行うことになります。

法人住民税についても、電子申告が実施され、その利用率も高まっていることから、その利用勧奨に努め、納税者の申告事務の軽減・合理化、未申告の防止等を図っていく必要があります。

2　法人住民税の納税義務の判定事例

法人住民税の納税義務者については、市町村内に事務所・事業所を有する法人や事務所・事業所を有しないで寮等を有する法人とされています（法294①三・四）。

いずれも、そのような施設を保有することにより、その市町村との間

に受益関係が生じることが税負担の理由とされるものですが、どのような施設であれば納税義務があるとされるか、具体的に取り上げられる事例について見てみましょう。

(1) 「事務所・事業所」（判定例その１）

法人住民税の納税義務者は「市町村内に事務所又は事業所を有する法人」とされています。そこで「事務所・事業所」の概念がどのようなものであるか見てみましょう。

「事務所・事業所」とは、次の３つの要件からなる概念です。

①人的設備	：従業員が事務・事業を営むことができる設備であること
②物的設備	：事業を営むことができる物的な設備であること
③事業の継続性	：一時的でなく継続的に事業が営まれる施設であること

上記を踏まえると例えば、「無人の倉庫」は①の要件を欠くことから、「登記」のみで物理的に存在しない施設は②の要件から、事務所にあたることはありません。また、たまたま２、３か月程度の一時的な事業の用に供する目的で設けられる現場事務所、仮小屋等は③の要件から、ここでの事務所に該当するものではありません。

『要説住民税』（年度版・市町村税務研究会編）でもこのような場合の具体的な取扱いについて、次のような例が紹介されていますので、実務にあたって参考にして取り組んでほしいと思います。

① 法人の出張所、連絡所等

法人の出張所、連絡所等を社員の自宅に置き、他に事務所を備えず、かつ、社員自ら事務を処理しており、その社員以外に事務員がいない場合には、その社員の自宅は事務所又は事業所に該当しない。

② 電車、バス等の停留所等

電車、バス等の停留所で建物はあっても切符等の売りさばきをしない

場所又は社員を駐在させないで、隣接の個人にその個人の住宅又は会社の施設の一部において切符を売りさばかせ、契約により売上高に対する報償金を交付しているような場合におけるその個人の住宅又は会社の施設の一部は、事務所又は事業所に該当しない。

　また、バスの車庫の一部に、運転手又は車掌を宿泊させている場合、その車庫は事務所又は事業所に該当しない。

③　建設工事に係る現場事務所等

　建設工事現場で行われる工事の施工、指揮及び管理に欠くことのできない工程管理、出来高確認、連絡又は打合せのみを行うものであっても、明らかにその設置期間が半年に満たない仮設のものについては、仮に机等が配置されている場合でも、事務所又は事業所に該当しない。

④　船　舶

　船舶そのものは、通常、事務所又は事業所に該当しない。

⑤　事務所等と収益の関係

　事務所又は事業所であるためには、そこで事業が行われていれば足り、直接、収益ないし所得の発生を要件としない。したがって、単に商品、原材料の仕入れ又は引渡しをする場合であっても、相当の人的・物的設備があれば、事務所又は事業所に該当する。

⑥　厚生施設

　従業員の厚生施設については、事務員を配置してその施設の維持等に関する事務を処理している場合、例えば、運動場、病院等の施設は事務所又は事業所に該当する。

(2)　「寮等」（判定例その２）

　市町村内に寮等を有する法人でその市町村内に事務所・事業所を有しないものは、法人住民税の均等割の納税義務者とされています（法294①四）。

　ここで寮等とは、法人が従業員の宿泊、慰安、娯楽等の便宜を図るた

めに常時設けられている施設をいうとされています。

　それでは「寮等」の施設について、具体的に取り上げられる事例を見てみましょう。

　寮等に該当しない例として、「鉄道従業員の乗継のための宿泊施設のようにその実質において事務所又は事業所に該当することとなるもの、又は独身寮、社員住宅等のように特定の従業員の居住のための施設等は、もとよりこれに含まれないものであること」（「地方税法の施行に関する取扱いについて（市町村税関係）」昭和30年８月１日自乙市発第33号２章９）が挙げられています。

　先の『要説住民税』においても、次のように解説しています。

　「寮、宿泊所、クラブ等と呼ばれるものであっても、その実質において事務所又は事業所に該当するもの、又は独身寮、社宅等のように特定の従業員の居住用の施設は含まれない。また、季節的に私人の住宅等を借り上げ、臨時に開放する「海の家」等の施設も含まれない。

　この場合において、寮等の所有権を有することは必要でないから、他から借りた施設を寮等として使用している場合も含まれる。」

　以上から、ここでの「寮等」とは、法人の事務所・事業所ではないが、法人の不特定の従業員が利用するために設けられた福利厚生施設であって、継続性のある施設をいうものと解されます。直接事業が行われる事務所・事業所や専ら特定の従業員の居住用に提供される社宅等が除かれます。事務所・事業所であれば法人税割と均等割が、寮等であれば均等割のみが課されます。単なる解釈の問題ではありませんので十分注意が必要です（法294①三・四）。

　個々の事例にあたって納税義務があるかないかは、賦課徴収のために最初に行わなければならない判定事務です。

　個々の事例がどのような理由で該当の有無について判定されたか、十分理解して新しい事例に対しても応用がきくようにしておいてください。

Ⅲ　固定資産税の実務のポイント

　固定資産税は、固定資産（土地、家屋、償却資産）を課税の対象とする税であり、市町村の主要財源となっており、都市計画税と合わせると市町村税収においては47.3％を占める基幹的な税です（令和2年度決算額）。それでは、固定資産税の主要な実務のポイントを見ていきます。

1　納税通知書の作成・発送・返戻調査と縦覧事務

(1)　納税通知書の作成・発送

　通常、毎年4月に、市町村から固定資産の所有者である納税義務者に固定資産税の納税通知書と納付書が送付され、この納付書により市町村の事務所や金融機関・郵便局などの窓口で固定資産税を支払うことになります。また、都市計画税を課税している市町村では、固定資産税と都市計画税を合わせて課税することとされています。支払いの期間（納期）は通常、4月・7月・12月・2月の4回とされ、個人住民税の納期に重ならないようにしています（法362）。

　また、この納税通知書により課税の対象となった土地や家屋については、その資産の明細（所在・地番、地目、家屋番号、地積、床面積、価格等）を記載した課税明細書を納税通知書と同様、納期限の10日前までに送付しなければならないとされています（法364③④）。

　従来、納税通知書には土地や家屋の資産の価格等の合計額が記載されているものの、その明細が示されていませんでした。このため納税者は、土地及び家屋の課税内容を納税者自身がチェックできないという状況にあったことから、平成15年度からこの課税明細書の送付が義務付けられたものです。

(2)　返戻調査

　納税通知書の発送が終了すると、宛先不明等で役所に戻ってきた返戻分の通知書の調査が始まります。納税通知書は、納期限前10日前までに交付しなければならないとされていますので、正確な宛先を調べ、再送付する必要があります。この取扱いについては個人住民税の項で説明しています（32〜34頁参照）。

(3)　縦覧事務

　納税通知書の発送とともに始まるのが固定資産課税台帳に関する縦覧事務です。固定資産税の課税にあたっては、固定資産の状況やその価格等を明らかにするために、固定資産課税台帳を備え付けることとされており、この課税台帳の内容は、納税者が見ることができるものとされています。

　固定資産課税台帳に関する縦覧は「市町村長は、固定資産税の納税者が、その納付すべき当該年度の固定資産税に係る土地又は家屋について土地課税台帳等又は家屋課税台帳等に登録された価格と当該土地又は家屋が所在する市町村内の他の土地又は家屋の価格とを比較することができるよう、毎年4月1日から、4月20日又は当該年度の最初の納期限の日のいずれか遅い日以後の日までの間、その指定する場所において、土地価格等縦覧帳簿又はその写し（当該土地価格等縦覧帳簿の作成が前条第2項の規定により電磁的記録の作成をもつて行われている場合にあつては、当該土地価格等縦覧帳簿に記録をされている事項を記載した書類。次項において同じ。）を当該市町村内に所在する土地に対して課する固定資産税の納税者の縦覧に供し、かつ、家屋価格等縦覧帳簿又はその写し（当該家屋価格等縦覧帳簿の作成が前条第2項の規定により電磁的記録の作成をもつて行われている場合にあつては、当該家屋価格等縦覧帳簿に記録をされている事項を記載した書類。次項において同じ。）を当該市町村内に所在する家屋に対して課する固定資産税の納税者の縦覧に供しなければならない」とされています（法416①）。

すなわち、市町村長は、一定期間、庁舎等の指定する場所において、納税者に土地又は家屋に関する縦覧帳簿を縦覧に供することが義務付けられているものです。この縦覧によって、納税者が他の資産との比較により評価が適正に行われているかをチェックすることにより、市町村の評価事務の適正さを保障することにもなります。

　縦覧の結果、固定資産課税台帳に登録された価格に不服がある場合には、固定資産の価格を登録した旨の公示の日から納税通知書の交付を受けた日後3か月までに、文書をもって、固定資産評価審査委員会に審査の申出をすることができるとされています。

　固定資産評価審査委員会は、定数3人以上の委員で構成されており、市町村の住民、市町村税の納税義務者、又は評価について学識経験を有する者から当該市町村の議会の同意を得て市町村長が選任することとされています。審査の結果、固定資産課税台帳に登録された価格が不適当と判断（決定）された場合には、当該価格が修正され、当該固定資産の税額が修正されることになるわけです。また、この決定に不服があるときは6か月以内に裁判所に訴訟もできることとされています。

2　固定資産の評価

　固定資産税における土地、家屋、償却資産の評価については、その評価の基準並びに評価の実施の方法及び手続を定めた固定資産評価基準に基づいて行われます。総務大臣が定める固定資産評価基準は固定資産の評価の客観性、公平性を確保するための全国一律の基準とされており、毎年3月31日までに市町村長は同基準によって価格を決定し、この価格を基に課税標準額を算定し、課税することとされています（法388、410）。

　土地・家屋の固定資産税の課税標準は、基準年度（3年ごと）の賦課期日（1月1日）現在における「価格」とされ、価格とは「適正な時価」をいうものとされています（法349①、341五）。

本来、固定資産税における評価は「適正な時価」とされていることから、毎年度評価を行う（評価替え）ことが理想ですが、膨大な量の土地、家屋について毎年度評価を見直すことは、実務的には課税コスト等を考慮して一定期間据え置くことが適当であるとされ、基準年度の価格を3年間据え置くこととされているものです。

　また、このような土地・家屋と状況が異なる償却資産については、後で説明するように毎年度評価替えが行われています。

3　土地の評価・調査等

(1)　土地の評価

　固定資産税における土地の評価は、固定資産評価基準によって、売買実例価額を基礎として、地目別に定められた評価方法により評価することとされています。

　地目は、宅地、田、畑、山林、牧場、原野、雑種地等に区分され、その年の賦課期日現在の状況によるとされています。

　市街地の宅地の評価については、市街地宅地評価法による評価が行われています。市街地宅地評価法の手順は、以下のとおりです。

---

①宅地の利用状況に応じた用途地区の区分
　↓
②各用途地区について状況が類似する地区ごとに標準的な宅地を選定
　↓
③標準宅地について地価公示価格等の7割を目途に適正時価を算定し、その主要な街路に路線価を付設
　↓
④主要な街路の路線価を基礎にその他の街路の路線価を付設
　↓
⑤評価対象宅地の街路の路線価を基に当該宅地の奥行や形状等による補正等を行い、宅地の評価額を算定

　このほかの土地についても、固定資産評価基準に定める地目別の評価

方法により評価が行われることになります。

　土地の調査については、調査対象地域を選定するなど実地調査の事務計画を策定することから始まります。課税対象土地については、そのすべてについて、毎年少なくとも1回は調査を行わなければならないとされていますが（法408）、実務上は困難であることなどから一定の期間を設定して計画的に実施しているのが実情と考えられます。この件については、固定資産税の課税期間（除斥期間）が5年間であり、この期間内であれば評価額や税額の変更等ができること等を考慮して、実態に即して対応している市町村が多いと思います。

　土地の調査にあたっては、土地課税台帳や土地評価図、住宅案内図、航空写真等、地形図等の資料を準備して、机上調査を実施することから始めることになります。これらの資料に基づき住宅案内図や航空写真等と土地評価図が不一致となるものの抽出などにより、実地調査の事前準備を行います。

　実地調査は、机上調査で不一致となった土地を中心として、対象地域の土地のすべての土地を一筆ごとに確認する作業を行います。特に住宅用地については、住宅案内図で飲食店となっているなど住宅の新築後用途変更した土地がある場合などが想定されることから、重点的に確認を行う必要があります。

　実地調査の結果、調査により明らかとなった事項については、調査票に記録し、当該年度（課税漏れや課税誤りがあった場合は当該年度中に税額の変更等を行います）又は翌年度の課税資料とすることになります。

(2)　住宅用地の課税標準の特例

　人の居住の用に供する家屋の敷地の用に供されている土地（住宅用地）については、固定資産税の課税標準の特例が設けられています。200㎡以下の小規模住宅用地については、課税標準を価格の6分の1に、200㎡を超える部分については課税標準を価格の3分の1とする特例措

置があります（法349の3の2①）。

◆図表4－3　年間事務計画表（固定資産税・土地）

月	課税事務等	調査・評価	評価替え
4月	・納税通知書の発送 ・返戻調査 ・縦覧帳簿の縦覧 ・審査申出の受付	・実地調査（地目・画地・住宅用地） ・登記異動（物件・所有者）	・標準宅地の選定・実地調査 ・用途地区・状況類似地域等の見直し
5月	・審査申出弁明書作成	・全筆調査	
6月	・審査委員会開催		
7月			
8月			
9月			・標準宅地の価格算定等
10月			
11月			
12月		・年末確認調査	
1月		・年末確認調査	
2月			
3月			

4　家屋の評価・調査等

(1)　家屋の評価

　固定資産税における家屋の評価は、「再建築価格」を基準として評価する方法が採用されています。これは、評価する家屋と同様の家屋を新築した場合に必要とされる建築費（再建築価格）を基礎に新築時からの経過年数に応じた減価率（経年減点補正率）を乗じて価格を求める方法です。

　新築又は増築した家屋の評価は、屋根、外壁、各部屋の内装等の資材や設備の状況について調査し、それらの資材について評価基準に定める単価を適用して再建築価格を求めます。求めた再建築価格に1年分の減

価率（経年減点補正率）を乗じて価格を算出します。

新増築以外の家屋の評価は、基準年度ごとに評価替えを行い、価格を見直します。見直し後の価格は、3年間の建築物価の動向等を反映して定められた補正率を適用して新たに再建築価格を求め、これに新築時からの経年減点補正率を乗じて求めます。その後、見直し後の価格が見直し前の価格を超える場合には、見直し前の価格に据え置かれます。

(2) 新築住宅の減額措置

新築住宅については、固定資産税額の減額措置があり、新築家屋の調査の際には、評価方法等の説明と一緒に説明をしておきます。

新築住宅の供給を促進するという住宅政策上の見地から、住宅に係る初期の経済的負担を軽減するため、新築後一定期間については、固定資産税の税額の一部を減額する措置が行われています（法附則15の6）。

（概　要）

① 　対象床面積…居住部分に係る床面積で、120㎡が限度（120㎡を超えるものは120㎡とする）

② 　減額割合…対象の床面積に係る固定資産税額の2分の1相当額を減額

③ 　減額期間…新築後、減額される期間は次のとおり。

ア　一般住宅（イ以外）…3年間

イ　3階建以上の耐火・準耐火構造の住宅…5年間

---

(3) 家屋の調査

家屋の調査は、その年に新築された家屋について、翌年度課税するための調査（新増築家屋調査）と既に新増築調査が行われた家屋についてその後の増築や滅失などによる異動状況の調査（在来家屋調査）の二つに分けて行うこととなります。

新増築家屋の調査については、納税者の家屋に立ち入って行うことから、服装や言葉遣い等に注意をして、相手方に不信感を与えないようにしなければなりません。また、調査にあたっては、徴税吏員の身分を証明する証票を携帯し、相手方の請求があった場合に呈示することとされていますが、調査を始める前に必ず納税者に呈示するよう心掛けておく必要があります（法353）。また、調査に際して納税者があまり見られたくないと思われる場所（寝室等）については、納税者の了解を得て手早く調査を済ませるなどの配慮が必要です。

　調査が終了した後、納税者に固定資産税の制度、家屋評価の方法、縦覧制度、納税方法等について説明を行うこととなりますが、これらの説明については、パンフレット等を用いて分かりやすい説明に努め、納税者の理解を得ることが重要です。

　年末確認調査については、賦課期日（1月1日）現在建築中で未完成な家屋は翌年度の課税客体（対象）とならないことから、年末近くに工事中の家屋については、賦課期日現在課税客体となるかどうかの確認が必要です。このための調査を年末確認調査といいます。

　この調査は、できる限り年末に近い日に迅速に行う必要があるため、日頃の調査において工事の進捗状況を把握し対象家屋を選定しておくことが大事です。年末確認調査の結果、完成家屋として翌年度に課税の対象となると認められるものについては、納税者である家屋の所有者に連絡をとり、後日問題となることのないようにしておきます。

　また、この調査は住宅用の敷地である住宅用地の認定と一致するものであることから、土地の担当者との連携を取りながら行うことが必要であると考えます。

　在来家屋の調査についても土地の調査と同様に、調査対象地域を選定するなど実地調査の事務計画を策定することから始まります。実地調査は毎年少なくとも1回は行うこととされていますが（法408）、実体上は困難であること等から実態に即して計画的に実施することが適当と考

えられます。

　在来家屋の調査時期については、新増築家屋の調査期間と調整を図り行う必要があり、概ね納税通知書の発送事務が終了した時点から年末にかけて新増築家屋の調査が繁忙となる９月頃までに行うことが適当と思われます。したがって、大規模な宅地開発等により新増築家屋の件数が例年より多く見込まれる場合には、在来分家屋の調査期間の短縮も考慮する必要があります。

　調査地域が決定すると、当該地域の家屋について、一斉に家屋の外観等による調査を行うことになりますが、増築等による異動があれば、事前に調査の連絡を行っている新増築家屋の調査とは違って、その場で調査をお願いする場合もでてきます。このようなことがあるため、在来家屋の調査にあたっては、調査地域の自治会・町内会や広報誌を通じて住民に対して事前にその実施を周知しておくことが調査事務の円滑化につながるものと思われます。

◆図表４−４　年間事務計画表（固定資産税・家屋関係）

月	課税事務等	新増築家屋評価等	在来家屋調査
4月	・納税通知書の発送 ・返戻調査 ・縦覧帳簿の縦覧 ・審査申出の受付	・登記異動（物件・所有者）	
5月	・審査申出弁明書作成	・新増築調査・評価	・在来家屋調査
6月	・審査委員会開催		
7月			
8月			
9月			
10月			
11月			
12月		・年末確認調査	
1月		・年末確認調査	
2月			
3月			

5 償却資産の申告

　固定資産税における償却資産の評価は、土地・家屋と異なり、毎年度評価を行って課税標準を決定します。償却資産は時間の経過によって比較的急速に価値が減少することなどから、毎年評価を行って適正な時価に即した課税を行うことが適当であるとされたためです。

　償却資産の価格は、取得価格を基礎として、取得後の経過年数に応ずる価値の減少（減価）を考慮して評価することとされています。

　償却資産とは、事業の用に供している機械、器具、備品などをいうものであり、具体的には煙突、鉄塔、岸壁などの構築物、機械及び装置、船舶、航空機、車両、工具、器具、机・椅子などの備品などです。

　このような償却資産の評価方法から、課税にあたっては、償却資産の所有者である納税者から、毎年1月1日における償却資産について、その取得価格、取得時期等の必要事項を1月31日までに申告してもらう方法により行うこととなります（法383）。

　したがって、この申告期限に向けて、前年以前に申告実績のあった企業や新設企業に申告書の送付を行うことにより、新年度に向けた事務が始まるものであり、この申告が円滑かつ適正に行われるよう準備を進めていく必要があります。

　償却資産は、土地や家屋と違い登記制度がないこと、事業所の新設・開業、廃業や資産移動が頻繁に行われ、納税義務者の把握が容易でない状況にあります。このため、様々な調査により納税義務者の課税資産の把握に努め、申告を求めていく必要があります。

　新規に申告書を発送するための資料収集は、家屋担当の調査資料（店舗等の新築情報）、保健所等への飲食業等の衛生関係届資料、法人関係税情報（法人住民税の法人設立・開設届、法人税・所得税確定申告書）、個人事業税開設届等を利用して行うこととなります。

　申告書の記載方法としては、賦課期日現在に所有するすべての資産を記載する「全資産申告」と、前年中に増加、減少した資産だけを記載す

る「増減申告」の二つがあります。また、事業者が自らの電算システムを利用して価格を算出し、申告する場合には、固定資産税の評価上の注意点を指導して全資産申告による申告を認めることもあります。

償却資産申告書の受理にあたっては、各記載項目に係る記載誤り等の有無について内容をチェックしていくこととなりますが、個人番号又は法人番号の記載欄については、マイナンバーの記載を確認するとともに個人事業者については本人確認を行う必要があります。非課税資産や課税標準の特例資産がある場合は、その適用申告書等の提出の有無を確認します。法人税、所得税における特別償却又は圧縮記帳は、固定資産税では認められていないことから、そのチェックを行います。事業所用家屋の所有区分については、自己所有の場合は内装、造作、建築設備が家屋として課税されていること等に留意します。

これら記載内容のチェックを行った後、電算入力から納税通知書の作成等に至る一連の償却資産に係る課税事務が進んでいくことになります。

◆図表4−5　年間事務計画表（固定資産税・償却資産関係）

月	課税事務等	調査事務等	その他
4月〜6月	・納税通知書の発送 ・返戻調査	・不申告企業調査	
7月〜9月		・書面調査 ・実地調査	・税務署調査等
10月〜12月	・申告書発送（12月）	・書面調査 ・実地調査	
1月〜3月	・申告書収受		

6　比較キーワード　固定資産税

(1)　公共の用に供する道路と私道

道路も固定資産に該当することから、基本的には固定資産税の課税対象となります。しかしながら、国、地方公共団体が管理・所有している

道路（法348①）や私人が所有する資産で国、地方公共団体が無償で借受け、公用又は公共の用に供している道路（法348②一）は非課税とされています。さらに私人が所有する道路いわゆる私道のうち、公共の用に供する道路と認められるものについても、その公益性から非課税とされています（法348②五）。

　私人が所有する道路いわゆる私道について、「公共の用に供する道路」の認定を行うにあたっては、国の取扱通達や各地方団体の取扱い要領等に基づき事務が進められています。

　この場合における道路とは、原則として、道路法の適用を受ける道路をいうものですが、林道、農道、作業道等であっても、所有者において何等の制約を設けず、広く不特定多数人の利用に供し、道路法にいう道路に準ずるものと認められるものは「公共の用に供する道路」とされています（昭26・9・14地財委税第456号）。

　外観上は道路として整備された土地であったとしても、団地内の居住者のみに利用されている団地内の通路や、マンション建築に際して高さ制限の緩和を条件として設置された歩道としての公開空地（平成13・10・30東京高裁平成13（行コ）138号）は「公共の用に供する道路」とは認められません。

　特定人が特定の用に供する目的で設けた道路であっても、その道路の現況が、一般的な利用について何等の制約を設けず開放されている状態にあり、かつ、当該道路への連絡状況、周囲の土地の状況等からみて広く不特定多数人の利用に供される性格を有するものについては公共の用に供する道路に該当するとされています（昭26・9・14地財委税第456号）。

　したがって、「私道につき通り抜け禁止」といった看板等を私道の入口に設置してある道路については、「公共の用に供する道路」とは認められません。

　また、一つの公道から他の公道に連絡しているような私道については通常「公共の用に供する道路」に該当するものと解されますが、当該私

道が袋小路である場合及び当該私道が一の公道から同一の公道に連絡しているような場合においては、当該私道に沿接する宅地の居住者その他の利用者が極めて多数にのぼる等の事情により、その現実の利用の実態が広く不特定多数人の利用に供されていると認められるものを除き、「公共の用に供する道路」に該当しないものと解されるとされています（昭42・4・5自治固第34号）。

この「広く不特定多数人の利用に供されていると認められるもの」についての実態判断は明確でないことから、袋小路や両端が同一の公道に接続している私道（いわゆるコの字型私道）について、次のような利用実態があるものは「公共の用に供する道路」と認める取扱いを行っている地方団体もあります。

① 袋小路については、一端が公道に接続されていて他の一端が公園、広場、河川等公共の用に供する施設に接続している道路

② コの字型道路又は袋小路については、当該私道に面して家屋5戸以上居住の用に供されている道路

このように私道には様々な形態があることから、実際の私道の認定にあたっては、実地調査により、対象土地を把握することが必要となります。この実地調査の基礎となる資料には、公衆用道路への地目変更登記に係る法務局からの登記済通知書、大規模な宅地開発等により道路が建設される場合については開発行為の完了公告、土地所有者からの道路使用に関する申請や相談等があり、これらにより私道の調査を行っていくこととなります。

しかしながら、開発行為によって分譲された住宅地で、道路部分と住宅の敷地との分筆が実施されていない宅地や建物の増改築等により敷地の一部を道路として利用することとなった宅地などの場合については、これらの通常の調査資料から把握できないため、非課税認定が迅速に行われない状況も生じています。

このような事例への対応としては、土地調査の充実を図ることが肝要

であることは言うまでもありませんが、調査対象土地や調査員の制約を考慮した迅速な方法として、私道の所有者から「固定資産税の非課税適用申告書」を提出してもらう方法が納税者の協力を得るという点からも、有効な手段の一つとされています。固定資産税の非課税適用申告書については、利用状況の把握のため、地方団体の条例で申告義務を課すことが適当とされています（平成22・4・1総税市16号）。

　私道の実地調査にあたっては、敷地の一部分が私道の用に供されている場合、私道の対象となる土地の範囲・地積が不明確な場合も多いことから、当該土地の配置図、求積図等を非課税適用申告書に添付して提出してもらうことにより、円滑かつ適正な事務処理が図られるものであり、納税者に非課税適用申告の周知を図っていく必要があります。

　実地調査の結果、私道が「公共の用に供する道路」と判明したことが過去の賦課期日においても明らかである場合には、地方税法17条の5の課税期間内において減額の賦課決定処分を行うことになります。

　なお、この私道課税の減額の賦課決定処分について、法の課税期間を超える期間に係る課税額について、国家賠償法による損害賠償を求めた裁判において、地方団体職員による実地調査や非課税適用申告書の提出の状況等から、職務上尽くすべき注意義務違反はなかったとして請求を棄却した事例があり、私道課税の難しさを反映した判決となっています（平成17・7・15東京地裁平成16（行ウ）295号）。

(2)　学校法人と宗教法人の非課税

　固定資産税は、固定資産の所有者に課税するものであるが、固定資産の公共性や各種の政策目的を考慮して、課税を行うことを法律上禁止する非課税の制度があります。

　固定資産税の非課税の範囲を定める場合に、固定資産の所有者の性格に着目して非課税とする人的非課税と、固定資産それ自体の性格、用途に着目して非課税とする用途非課税があります。用途非課税とされる固

定資産は、国、地方公共団体が公用又は公共の用に供する固定資産をはじめとして、数十項目の固定資産が非課税とされていますが、ここでは対象が多く取扱いに注意を要する学校法人と宗教法人の非課税について見てみましょう。

学校法人については、学校法人又は私立学校法第64条4項の法人がその設置する学校において、直接保育又は教育の用に供する固定資産に対して非課税とされています。学校法人等が公益的性格を有する法人であり、保育・教育という公益的目的の用に供する固定資産について非課税とするものです（法348②九）。

また、幼稚園については学校法人だけでなく、公益社団法人、公益財団法人、宗教法人又は社会福祉法人も設置できることから、これらの法人が設置する幼稚園の固定資産についても学校と同様に非課税とされていますが、個人立の幼稚園については課税対象となります。

学校は一般に4月が入学時期であるため、新設学校法人の学校用地や建物及び償却資産については、賦課期日現在完成済みであっても、賦課期日現在、直接教育の用に供されていないため非課税資産に該当するかどうかが問題となります。この場合においては、賦課期日現在学校法人が設置認可を受け、既に建設を完了している場合は非課税として取扱うこととされています。

なお、賦課期日現在建設中であるため課税対象とされた学校や幼稚園で、4月に開校するなど当該年度中に直接教育・保育の用に供しているものについては、教育用資産の公益性に配慮しその用に供した納期以降の税額を減免している地方団体もあります。

学校敷地内の校長・教職員宿舎については課税対象とし、高校野球部の休憩用建物等についてはクラブ活動の一環として使用されていることから非課税とするなどの先例があります。

宗教法人については、宗教法人が、専らその本来の用に供する宗教法人法第3条に規定する境内建物及び境内地に対しては、宗教法人の宗教

活動や信者の信仰の自由の保障及び境内建物及び境内地には収益性がないことを考慮して非課税とされています（法348②三）。

　宗教法人法第3条に規定する「境内建物」とは宗教法人が宗教の教義をひろめ、儀式行事を行い及び信者を教化育成するという主たる目的のために必要な宗教法人に固有の建物及び工作物をいい、「境内地」とは宗教法人の主たる目的のために必要な当該宗教法人に固有の土地をいうものとされています。

　この境内建物については、本堂、社務所、庫裏、教団事務所など具体的な建物が列挙されていますが、「庫裏」については、寺院の住職及びその家族が居住している建物とされていることから、一般の住居に対する課税との均衡を考慮し、庫裏は「専らその本来の用に供する境内建物」に該当しないものとして課税対象とする取扱いが行われた経緯があります。この取扱いに対して、宗教団体と自治庁（当時）との間で話合いが行われ、住職の居住している庫裏については、非課税とすることに決着し、次の取扱通達が示されました。

　「宗教法人の所有する庫裏、社務所等は、専ら宗教の用に供するものと認められるので、他人の止宿の用に供している等その使用の内容が明らかに宗教の用以外の用に供しているものと認められるものを除いては、非課税として取り扱うものであること。」（昭29・5・13自乙市発第22号、現行取扱通知（市）第3章第3・14）

　学校法人や宗教法人の非課税認定は、前述のとおり使用実態を十分把握して行うことに留意する必要があります。

Ⅳ　軽自動車税の実務のポイント

1　事務の概要

　令和元年10月1日以降、軽自動車税の制度が変わり、軽自動車の取得者に課されていた自動車取得税（都道府県税）が廃止され、軽自動車税に「環境性能割」が創設されました。また、これまでの軽自動車税は「軽自動車税（種別割）」に名称が変更され、軽自動車税は「環境性能割」及び「種別割」の2つで課税されることになりました。

　軽自動車税（種別割）は、名称が変わりましたが、手続や税率（年税額）に変更はありません。

　また、軽自動車税（環境性能割）は、当分の間、都道府県が賦課徴収を行うこととされていますので、説明は省略します。

　軽自動車税（種別割）（以下、本節において、単に「軽自動車税」といいます。）は、賦課期日である毎年4月1日現在の原動機付自転車（排気量125cc以下）、軽自動車、小型特殊自動車、二輪の小型自動車（排気量250cc超）（以下「軽自動車等」といいます。）の所有者に課税される税で、納期は4月（市町村の実情に応じ条例で変更可）とされています。

　税率は軽自動車等の種別、用途、総排気量、定格出力その他の諸元の区分に応じ、1台当たりの年税額（標準税率2,000円〜10,800円）で決められています（図表4-6）。

　なお、標準税率のほかに、「税率の特例」として①経年車重課として三輪以上の軽自動車のうち、最初の新規検査から一定年数を経過した軽自動車の税率を重くする措置や、②グリーン化特例（軽課）として三輪以上の軽自動車のうち、環境性能の優れた軽自動車の税率を軽減する措置があることに留意する必要があります。

　軽自動車等の課税客体やその所有者等を把握するため、軽自動車等の所有者又は使用者は、軽自動車等を取得・廃車・譲渡・盗難・転居・

改造等を行った場合は、条例で軽自動車税申告書の提出を義務付けています。

◆図表4－6　軽自動車税の年税額区分（標準税率）

（2022年4月1日現在）

区分		標準税率		
		税率 （平成26年度まで）	税率※ （平成27年度より）	税率 （平成28年度より）
原動機付自転車	①総排気量50cc以下のもの又は定格出力0.6kw以下のもの（④に掲げるものを除く。）	1,000円	→	2,000円
	②二輪のもので総排気量50cc超90cc以下のもの又は定格出力0.6kw超0.8kw以下のもの	1,200円	→	2,000円
	③二輪のもので 総排気量90cc超のもの又は定格出力0.8kw超のもの	1,600円	→	2,400円
	④三輪以上のもので総排気量20cc超のもの又は定格出力0.25kw超のもので一定のもの（ミニカー）	2,500円	→	3,700円
軽自動車（660cc以下）及び小型特殊自動車	①二輪のもの（側車付きのものを含む）（125cc超250cc以下）	2,400円	→	3,600円
	②三輪のもの	3,100円	3,900円	→
	③四輪以上のもの 乗用のもの　　営業用 　　　　　　　自家用 貨物用のもの　営業用 　　　　　　　自家用	5,500円 7,200円 3,000円 4,000円	6,900円 10,800円 3,800円 5,000円	→ → → →
二輪の小型自動車（250cc超）		4,000円	→	6,000円

※　三輪以上の軽自動車については、平成27年4月1日以後に初めて車両番号の指定を受けるものから適用（平成27年3月31日以前に初めて車両番号の指定を受けたものについては平成26年度までの税率を適用）

原動機付自転車、小型特殊自動車の申告については、市町村の税務担当窓口で行うとともに、課税客体の把握のため、市町村が作成・交付する標識（ナンバー）を車体に表示しなければならないことになっています。

　二輪の小型自動車及び軽自動車の申告については、二輪の小型自動車・二輪の軽自動車は運輸支局等、三・四輪の軽自動車は軽自動車検査協会等に申告することとされていますが、これらの車両については、道路運送車両法により運輸支局等からナンバーが交付されることから、市町村のナンバーの作成・交付は不要となっています。

　収受した申告書について、軽自動車税台帳を作成し、車種別、標識番号順等に整理編綴することになりますが、他の税目に比べ軽自動車税の所有者については、その異動が頻繁に行われる状況にあることから、賦課期日現在の所有者について、申告書の異動日に注意して確実に課税事務を行うことが求められています。

2　軽自動車税の納税義務の判定

(1)　賦課期日の納税義務者

　賦課期日は４月１日です。したがって４月１日における軽自動車の所有者が納税義務者となります。

　それでは、実務でもよく見られる賦課期日に①譲渡があった場合、②廃車された場合、③新規に取得された場合の納税義務はどのようになるのでしょうか。

①　賦課期日にＡからＢへ譲渡があった場合

　Ｂが納税義務者になります。賦課期日における納税義務者とは賦課期日の終了時点での所有者をいうものとされていますので、この時点での所有者が納税義務者となって、１年間の軽自動車税を負担することになります。

②　賦課期日に廃車された場合

　課税されません。賦課期日における納税義務者とは賦課期日の終了時

点での所有者をいうものであるためです。

③　賦課期日に新規に取得された場合

　賦課期日に所有者となっていますので、新規に取得した者は納税義務者になります。

(2)　軽自動車税の課税客体

　モーターサイクルの市場では、日々新しい商品が開発されています。このため、軽自動車税の課税の対象となる車両か、課税されるとすればどのような種別の車両となるかなど中には判定に紛らわしいものもあります。判定を誤って課税誤りとなることのないよう、普段からアンテナを高く張って情報収集に努めることが肝要です。

　ここではよく話題となる軽自動車の車両の中から、参考事例としてミニカーについて見てみることにします。

　ミニカーというのは、65頁図表4－6の④にあたるもので、原動機付自転車に分類されるものです。そこでは「④三輪以上のもので総排気量20cc超のもの又は定格出力0.25kw超のもので一定のもの」と書かれています。ここではミニカーを分かりやすく定義していますが、この部分は地方税法の税率の定めでは次のように規定されています。

●地方税法第463条の15

> **（種別割の標準税率）**
> **第463条の15**　次の各号に掲げる軽自動車等に対して課する種別割の標準税率は、一台について、それぞれ当該各号に定める額とする。
> 　一　原動機付自転車
> 　　イ～ハまで略
> 　　ニ　三輪以上のもの（総務省令で定めるものを除く。）で、総排気量が0.02リットルを超えるもの又は定格出力が0.25キロワットを超えるもの　　　　　年額　　　3,700円

つまり、「一定のもの」とは、厳密には「（総務省令で定めるものを除く。）」のことです。そこで、総務省令、すなわち地方税法施行規則にあたってみましょう。地方税法施行規則では総務省令で定めるものに関する定めは第15条の15にあります。

●地方税法施行規則第15条の15

> **（法第463条の15第1項第1号ニに規定する総務省令で定める原動機付自転車）**
> **第15条の15**　法第463条の15第1項第1号ニに規定する総務省令で定める原動機付自転車は、車室を備えず、かつ、輪距（二以上の輪距を有するものにあっては、その輪距のうち最大のもの）が0.5メートル以下の原動機付自転車及び側面が構造上開放されている車室を備え、かつ、輪距が0.5メートル以下の三輪の原動機付自転車とする。

　この規定により、ミニカーの定義から「車室を備えず、かつ、輪距（二以上の輪距を有するものにあっては、その輪距のうち最大のもの）が0.5メートル以下の原動機付自転車及び側面が構造上開放されている車室を備え、かつ、輪距が0.5メートル以下の三輪の原動機付自転車」が除かれることが分かります。

　すなわち、地方税法第463条の15第1項第1号ニに掲げる三輪以上の原動機付自転車は、車室（三輪の原動機付自転車にあっては、側面が構造上開放されている車室を除きます）を備え、又は輪距が0.5メートルを超えるものであり、道路交通法施行規則別表第2に掲げるミニカーが該当するものです。

　ここで、「車室」と「輪距」という用語は、一般には次のように理解されています。

> 車室：構造物により囲まれた空間（オープンカーも車室を備えているとされます）

> 輪距：空車状態における左右のタイヤの踏面の路面との接触面の中
> 　　　心間の距離（左右のタイヤの中心間の距離）

　以上のことから、このような総務省令で規定する車室や輪距を目印にして、該当する車両を除いたものがミニカーということになります。かなり煩雑な用語ですが、実務的には排気量や定格出力という基準を別にして、ミニカーに当たるか否かを車室の有無や輪距を目印にして、次のようなポイントで判定することが行われています。

①側面が構造上開放されていない車室がある。　　　　：ミニカー

②輪距が0.5メートルを超えている。　　　　　　　　：ミニカー

③側面が構造上開放されている車室で輪距が
　0.5メートル以下の３輪の車両　　　　　　　：原動機付自転車

④側面が構造上開放されている車室で輪距が
　0.5メートル超のもの　　　　　　　　　　　　　：ミニカー

　このように、ミニカーか原動機付自転車かは紛らわしいところがありますが、先の税率表のとおり、いずれに判定するかによって税負担が違ってきますので、排気量（定格出力）、車室、輪距に注意しながら判定する必要があります。

3　軽自動車税の減免

　地方税法には、地方税に特有の制度として、一定の事由がある場合に、条例により地方税の負担を全部又は一部について免除することができる減免の制度があります。軽自動車税では、地方税法第463条の23に減免の規定を設けています。

　ここで減免とは、非課税と異なり、賦課期日現在は納税義務がある者に対して、市町村長が特別の事情があると認めてその地方税の負担を免除するものです。

軽自動車税事務の中では、減免事務は他の税目に比べウェイトが高く、大事な事務となっています。

●地方税法第463条の23

> **（種別割の減免）**
>
> **第463条の23**　市町村長は、天災その他特別の事情がある場合において種別割の減免を必要とすると認める者、貧困により生活のため公私の扶助を受ける者その他特別の事情がある者に限り、当該市町村の条例で定めるところにより、種別割を減免することができる。

　減免の代表的な場合として、①天災その他特別の事情がある場合、②貧困に因り生活のため公私の扶助を受ける場合、③その他特別の事情がある場合の３つの場合があります。①と②は各税目に共通の減免事由ですが、③に各税目固有の減免事由が規定されることになります。

　軽自動車税では、このうち③その他特別の事情がある場合が多く、中でも障害者が自ら使用する軽自動車又は障害者と生計を一にする者が使用する軽自動車の減免について、総務省の取扱通知等を参考として多くの地方団体で条例等を定めています。

　軽自動車税が、課税の対象とする車両が、障害者の日常生活に不可欠の生活手段であることについて、税制上配慮するものであり軽自動車税の減免になじむものと考えられます。

　「その他特別の事情がある者」の例としては、障害者に対する減免をはじめ、次のような減免の例があります。

・身体障害者福祉法（昭和24年法律第283号）第15条の規定により身体障害者手帳の交付を受けている者及び戦傷病者特別援護法（昭和38年法律第168号）第４条の規定により戦傷病者手帳の交付を受けている者（専らこれらの者のために使用する軽自動車等を所有する者を含む。）が専ら使用する軽自動車等

・市長が定めた基準により療育手帳の交付を受けている者（知的障害者と判定された旨の証明書の交付を受けている者を含む。）及び精神保健及び精神障害者福祉に関する法律（昭和25年法律第123号）第45条の規定により精神障害者保健福祉手帳の交付を受けている者（専らこれらの者のために使用する軽自動車等を所有する者を含む。）のために使用する軽自動車等

V　徴収事務の実務のポイント

　個人住民税等の地方税の課税が納税通知書の作成・発送により行われると、その通知書による課税額について定められた納付期限までに納税しなければならないことになります。そして、この納付期限までに納付がないときには、納税者に督促状を送付し、納付の催告を行い、それでもなお、納付されない場合には、財産の差押えを行うことにより、租税債権の確保を図ることになります。

　このように納付期限までに地方税が納付されない場合に、督促を行い、さらに納税者の財産から強制的に徴収することを滞納処分といいます。滞納処分は、財産の差押え、交付要求・参加差押、差押財産の売却（公売等）及び配当といった一連の手続をいうものとされています。

　また、このような滞納した税金について行う事務を総称して「滞納整理」といいます。

> 督促：納期限までに税が納付されない場合には納期限後20日以内に、督促状を発送し、納税を督促しなければなりません。督促は、納税の請求をすることの効果のほか、租税債権の時効を中断する効果があります。また、督促は、差押えを行う場合の前提条件となっており、督促状を発送した日から起算して10日を経過した日までに納税がされない場合には、滞納者の財産を差し押さえなければならないとされています（法329、331等）。
> 交付要求・参加差押：自ら差押え等を行うものではなく、他の執行機関が行う差押え等の手続に参加してその換価（売却）代金から配当を受けるための手続。

　地方税の滞納処分に関する規定については、「市町村の徴税吏員は、当該市町村民税に係る地方団体の徴収金につき、滞納者の財産を差し押

えなければならない」（法331①）といった地方税法に直接定められている事項のほか、「前各項に定めるものその他市町村民税に係る地方団体の徴収金の滞納処分については、国税徴収法に規定する滞納処分の例による」（法331⑥）といった国税に関する滞納処分の手続を規定した国税徴収法に基づいて滞納処分を行うことができるという「滞納処分の例による」との規定が税目ごとに設けられています。

1　納期内納税の取組み

　税の滞納を解消する取組みである滞納整理の前に行わなければならない取組みとして、まずは新規の滞納の発生を抑えることが重要です。そのためには、納税者に安定的に納期内に納税してもらう取組みとして、納税のしやすい環境を整えることが肝要です。

　金融機関に行く手間が省け、納期限のうっかり忘れを防止する手段として、金融機関の預金口座から税金を自動引落しする口座振替納税があります。

　この口座振替納税の実施にあたっては、納税者の申請が必要であることから、口座振替納税の広報と勧奨を実施していくことになりますが、次のような方法でその取組みが行われています。

①　納税通知書等の発送文書に口座振替申込書（はがきサイズ等）を同封する方法があり、個人住民税や固定資産税の年度初めの定期課税分の納税通知書に同封すること、また、償却資産申告書の送付に合わせて申込書を同封することも有効。

②　新増築家屋調査の際に口座振替納税のパンフレットを利用して納税者に勧奨を実施。

③　固定資産税の新規課税者や新築マンションの居住者等、送付対象者を絞って、ダイレクトメールで口座振替申込書等を送付。

④　公共掲示板等の広報媒体へのポスターの掲示、電車・バス等の車内広告、納税通知書等の封筒への勧奨記事掲載、金融機関との

提携による口座振替勧奨キャンペーン、市民祭など公共イベント
会場の税務コーナーでのパンフレットの配布等を実施。

その他の取組みとして、納税者の利便性の向上を図るものとして、気
軽に、かつ、金融機関の窓口が閉まっている時間にも利用できるコンビ
ニ納税があります。軽自動車税のうち原動機付き自転車（ミニバイク
等）の税額は他の税目に比べ少額であり、銀行等の窓口に足を運んで納
税することが面倒と感じる納税者も多いと思われることから、コンビニ
納税による納付の割合が高い地方団体もあります。

2　滞納繰越分税額の分析

　４月の固定資産税の納税通知書の発送をはじめとして新年度の課税に
関する事務が始まりますが、滞納整理業務は実質的には６月から始まる
といえます。

　地方税をはじめとする地方団体の歳入（収入）の決算は、出納整理期
間を経て確定することから、この４〜５月までの期間については前年度
に課税した地方税の滞納分の整理を重点的に行い、できるだけ翌年度に
繰り越さないようにするよう取り組んでいきます。

　したがって、この出納整理期間を経て、なお、未収入となった税額が
「滞納繰越分」として、翌年度に繰り越され、新年度の滞納整理の対象
となるものです。

出納整理期間：前会計年度末までに確定した債権債務について、現
　　　　　　　金の未収未払の整理を行うために設けられた期間
　　　　　　　で、会計年度終了後の翌年度の４月１日〜５月31
　　　　　　　日までの２か月間をいいます。

　この滞納繰越分と新年度の課税分から発生する現年課税分の滞納につ
いて、滞納整理の目標や計画を立てることから、新年度の滞納整理事務

が始まります。

　滞納整理の事務計画の策定にあたっては、効果的な滞納整理を行うための具体的な整理計画を立てる必要があります。すなわち、住宅地域や商工業地域など地域の実情により滞納者の職業や滞納となった税目も異なること、滞納額についても少額な案件が多い地域や累積滞納による高額な案件が多い地域など、様々な実情があることを把握・分析し、整理計画を立てることになります。

　少額案件（例：10万円未満）や新規の滞納繰越分などについては、量的滞納整理案件として、4半期ごとに催告文書をまとめて送付する文書催告を中心とする整理案件とすることにより、事務の効率化を図り、質的滞納整理案件に事務をシフトできるように配慮します。

　高額案件や数年にわたって滞納が累積している案件については、質的滞納整理案件として、高額案件検討会の開催や不動産公売・捜索等による整理を進める案件とし、整理の促進を図ります。

　これらの分析・整理方針に基づき、不動産公売や捜索等の実施時期、検討会議、研修会議等の日程を盛り込んだ年間事務計画を策定します。

3　調査・折衝・処分等

　滞納整理の進め方の基本は、調査・折衝・処分と言われています。滞納者の実情を把握し（調査）、滞納者と納税に関する折衝を行い（折衝）、必要に応じて差押えや公売といった滞納処分（処分）を行うことにより、租税債権（滞納税額）を確保することになります。

(1)　調査

　滞納者の実情把握については、直接滞納者に接触する前に必要な情報を収集することから始まります。まずは、地方団体内の資料収集として、個人住民税の課税台帳等により収入状況、勤務先、事業内容等を把握します。固定資産税関係では不動産登記の情報を収集し、登記簿謄本の請求により、抵当権者及び融資額等の把握に努めます。また、滞納者

の居住地や家族構成は、滞納者に関する基本的情報であることから、戸籍関係情報を収集し、折衝の前に必ず把握しておく必要があります。

さらに、必要に応じて、滞納者本人に対して実情照会書を送付し、収入状況、勤務先、家族構成、預金、生命保険、不動産、滞納となった原因等を記載した回答書による回答を求め、状況を把握します。

このような滞納者に対する照会は、「質問・検査」と呼ばれ、これに応じない場合には、罰則の規定が設けられていることから、滞納者は回答義務があるものとされています（国税徴収法141）。

(2) 折衝

調査資料の収集等により、滞納者の実情把握が整った段階で滞納者との納税折衝が始まります。

納税折衝は、滞納者に対する様々な質問等によって、滞納者の財産調査を補完することや滞納者の要望、主張などを聴取する機会ですが、民事における交渉ではないと言われています。地方税の納税義務は、地方税法や条例に基づいて成立するものであり、債権者と債務者の対等な話合いによって決定する民事上の契約等とは異なるものです。しかしながら、財産調査や差押えなどの滞納処分によるよりも、催告文書や納税折衝によって滞納税額が納税されることのほうが多いという実情から、納税折衝の必要性は大きいものと思われます。

納税折衝においては、滞納者に対して滞納税額の一括納付を励行するよう請求を行うことになりますが、一括納付することができない事情が認められる場合については、短期間の分納等を定めた納税計画と納税誓約書の提出を求めます。また、滞納となった原因の聴取に努め、今後の滞納整理方針の一助とします。

(3) 処分

調査、折衝、処分という滞納整理の一連の手続の最後の段階が処分となります。

督促状や催告書の送付、納税折衝によっても、なお、滞納税額の納付

がない場合に、滞納者の財産について処分を禁止し、いつでも換価ができる状態にしておくことを「財産の差押え」といいます。

　差押えの対象となる財産は、換価の前提となる処分であることから金銭的価値があり、売却や取立てにより換価することができるものです。

　具体的な財産としては、不動産、預金、生命保険、給料などがありますが、換価の容易な財産の発見に努め、効率的な処分を行う必要があります。銀行預金、郵便貯金、売掛金、地代、家賃、給料などの債権は、公売のような一連の換価手続を行うことなく、債権の取立てにより滞納税額に充てることができることから、債権の差押えは効率的な滞納処分であるとされています。債権の差押えの手続は、第三債務者（滞納者に対して金銭等の債務を負う者）に債権差押通知書を送付することにより行い、債権の支払期限等にこの第三債務者から金銭を受け取ること（取立て）になります。

　なお、給料の差押えについては、給料による収入が一般の給与生活者の主な生計費であることから、給料から差押え禁止額を控除した金額の範囲内で滞納金額に満つるまでの金額を差し押さえることになります（国税徴収法76）。

　不動産の差押えについては、滞納者に差押書を送付するとともに、差押えをしたことを登記所の登記官に嘱託することにより行いますが（国税徴収法68）、換価するためには公売処分（後述）等を行うことになります。

(4)　納税緩和措置

　以上のように地方税の滞納については、滞納処分により滞納税額の解消を図るものですが、納税者の個々の実情により、真に納税が困難な事例が生じることもやむを得ないことです。納税が困難な者について、一定期間、納税を猶予して（法15）、資力の回復を待つ場合もありますが、将来においても、税を徴収する見込みがないものや、特に資力が乏しく、納税ができないような場合には、滞納処分の執行を停止する取扱いがあります。

　この「滞納処分の執行停止」の要件は、次の三つとされており、この

ような状態が３年継続すると納税義務が消滅します（法15の７①④）。

① 滞納処分をすることができる財産がないとき

② 滞納処分をすることによって滞納者の生活を著しく窮迫させるおそれがあるとき

③ 滞納者の所在及び滞納処分をすることができる財産がともに不明であるとき

また、この執行停止期間中に滞納者が死亡したり、滞納法人が倒産したりしてしまった場合など、明らかに徴収が不能と判断したものについては、直ちに納税義務を消滅させることもできるとされています（法15の７⑤）。

4　不動産公売

差し押さえた財産を売却等により、強制的に金銭に換えることを「換価」といい、広義の換価には差し押さえた預金等の債権の取立ても含まれますが、狭義の換価は、差し押さえた財産を入札等の方法で売却し、その売却代金を滞納税額に充てる「公売」があります。公売の対象となる財産としては不動産が代表的なものですが、公売はその手続に相当の手間・労力を要することから、費用対効果を十分考慮して、公売の対象となる滞納案件を選定する必要があります。

この点から、一般的に少額の滞納案件は公売に適さないことから、高額の滞納案件や滞納額が累積して高額となった案件及び長期間不動産の差押えをしている案件などが対象として適しています。また、再三にわたって納税誓約を守らない滞納者又は納税催告に全く応じない滞納者について、強力に滞納整理を進める意思を示す点から公売の対象とすることも考えられます。公売の対象が決定したときは、法令の定めはありませんが、滞納者に公売予告通知書を送付します。公売は滞納者の財産を強制的に売却する強力な処分であることから最終的な警告として、この通知により納付がなければ公売をする旨を通知することにより、自主的な納

付を促すものです。公売の実施にあたっては、公売の日の前日から起算して10日前までに、公売公告をしなければなりません（国税徴収法95）。

公売の対象財産については、客観的な時価を基準として見積価額を算定し、広く買受希望者の参加を促すため公告することとされています（国税徴収法99）。

また、滞納者や利害関係人に公売の通知を行い、利害関係人には債権現在額申立書を提出するよう催告することとなります（国税徴収法96）。

公売の参加者は、公売保証金（見積価額の10％以上）を納付しなければならないとされていますが、見積価額が50万円以下又は買受代金を即日納付する場合は不要とされています（国税徴収法100）。

公売は入札又はせり売りの方法により行い、最高価額の入札者等を最高価申込者として決定し、売却決定を行います（国税徴収法104）。

最高価申込者は、買受代金を納付し、差押財産が換価されたことになりますが、その代金を実際に滞納税額に充当するためには「配当」を行う必要があります（国税徴収法129）。

配当は、先に提出された債権現在額申立書に基づき、差押えに係る税に優先する債権がある場合には、買受代金をこれらの債権に先に充当し、その後滞納税額に充当します。これらの充当後に残余金が生じた場合はこれを滞納者に交付することになります。

これらの換価・配当の処分を終えて初めて、滞納処分はゴールに着くことになります。

◆図表4－7　年間事務計画表（滞納整理関係）

月	調査・折衝・処分等	その他
4月～5月	・前年度課税分の集中整理期間	
6月～9月	・滞納繰越分の集中整理期間	・年間滞納整理計画の策定
10月～12月	・現年課税分の集中整理期間 ・年末集中整理	・滞納整理検討会 ・公売案件検討・実施
1月～3月	・年度末集中整理期間	・滞納整理検討会

VI　税務カレンダー

4月	5月	6　月
《住民税》 ・給与所得者異動届出書の提出 　　　　　（4月15日まで） ・3月分特別徴収税額の納入 ・2月決算法人住民税確定申告 ・8月決算法人住民税中間申告 《固定資産税》 ・固定資産税・都市計画税税額 　通知書の発送 ・条例納期限（通常4月末日） 　までに第1期納期分の納付 《軽自動車税》 ・税額通知書の発送 ・条例納期限（通常4月末日） 　までに納付	《住民税》 ・特別徴収税額通知書の発送 　　　　　（5月末日まで） ・4月分特別徴収税額の納入 ・3月決算法人住民税確定申告 ・9月決算法人住民税中間申告	《住民税》 ・普通徴収税額通知書の発送 ・条例納期限（通常6月末日） 　までに第1期納期分の納付 ・5月分特別徴収税額の納入 ・4月決算法人住民税確定申告 ・10月決算法人住民税中間申告

10月	11月	12月
《住民税》 ・普通徴収税額の条例納期限 　（通常10月末日）までに第3 　期納期分の納付 ・9月分特別徴収税額の納入 ・8月決算法人住民税確定申告 ・2月決算法人住民税中間申告	《住民税》 ・10月分特別徴収税額の納入 ・9月決算法人住民税確定申告 ・3月決算法人住民税中間申告	《住民税》 ・11月分特別徴収税額の納入 ・10月決算法人住民税確定申告 ・4月決算法人住民税中間申告 《固定資産税》 ・条例納期限（通常12月末日） 　までに第3期納期分の納付

7月	8月	9月
《住民税》	《住民税》	《住民税》
・6月分特別徴収税額の納入 ・5月決算法人住民税確定申告 ・11月決算法人住民税中間申告 《固定資産税》 ・条例納期限（通常7月末日）までに第2期納期分の納付	・普通徴収税額の条例納期限（通常8月末日）までに第2期納期分の納付 ・7月分特別徴収税額の納入 ・6月決算法人住民税確定申告 ・12月決算法人住民税中間申告	・8月分特別徴収税額の納入 ・7月決算法人住民税確定申告 ・1月決算法人住民税中間申告

1月	2月	3月
《住民税》	《住民税》	《住民税》
・給与支払報告書の提出 ・普通徴収税額の条例納期限（通常1月末日）までに第4期納期分の納付 ・12月分特別徴収税額の納入 ・11月決算法人住民税確定申告 ・5月決算法人住民税中間申告 《固定資産税》 ・償却資産申告書の提出	・1月分特別徴収税額の納入 ・12月決算法人住民税確定申告 ・6月決算法人住民税中間申告 《固定資産税》 ・条例納期限（通常2月末日）までに第4期納期分の納付	・住民税の申告（所得税確定申告者は不要） ・2月分特別徴収税額の納入 ・1月決算法人住民税確定申告 ・7月決算法人住民税中間申告

Column　地番と番地はどう違うのか

　地番と番地は、どちらの用語が通常使用されているのか、どう違うのか疑問に思うような用語かもしれない。番地というと、手紙を書く時に宛名の住所として、例えば△△町○○番地というように書くのが一般的である。その意味では、住所を表す際に使用するものと理解されており、確かに住民票を見ると、△△町○○番地となっている。

　一方、地番は、聞きなれない用語ではあるが、固定資産税を担当すると、土地の所在地を表す用語として使用されていることに気づくと思う。また、納税通知書の送達先のことを考えると、いずれも税務の仕事にとっては見逃すことのできない用語である^{（注1）}。

　納税通知書を発送するに際して、納税者の住所を確認する場合、番地を基に住民登録の状況を確認している。住民登録及び戸籍における所在の表示については、戸籍法施行規則第33条の規定により同規則の附録6号のひな型において「番地」が使用されている^{（注2）}。

　土地及び家屋の所在、特に不動産登記法の取扱いを見ると、土地の表示に関する登記事項は、土地家屋共通の表示に関する事項のほか、①土地の所在する市、区、郡、町、村及び字、②地番、③地目、④地積とされており、地番は、いわば土地の所在を表す番号であり、土地を特定するために一筆ごとに付すこととされている（同法34①、35）。

　また、建物の表示に関する登記については、その建物が所在する土地の地番は「番地」と表記し、土地の表示登記の「地番」とは区別している。

　このように地番は、土地の所在を表すために使用されるものであり、番地は、住民登録や戸籍及び建物の所在の表示に使用することとされている。この違いを理解して税務の仕事を行ってほしい。

（注1）　「地番」という用語は、相当古くから使用されていたようであるが、法律用語として使われたのは昭和6年法律第28号であるといわれている。

（注2）「番地」が最初に法律用語として使われたのは明治19年8月登記法第7条からといわれている。

第

5

章

地方税務職員と守秘義務

この章では、第2章で述べた秘密を守る義務、すなわち守秘義務について実務に即して詳しく説明します。

　公務員の守秘義務というと、世間の評判はあまり芳しくありません。その理由として、守秘義務というのは、役所にとって都合の悪いことを隠す隠れ蓑と思われているところがあるからです。

　そこでは、税務職員の守秘義務もそれ以外の公務員の守秘義務も同じように思われており、税務職員の守秘義務との違いなどは、あまり興味がないことかもしれません。しかし、税務課の職員である皆さんは、この両者の違いについてここで理解してほしいので、以下詳しく説明します。

　まず、税務職員にとっては、地方税法の定める守秘義務がどういうものであるか、どんなことに注意しなければならないかを考えてほしいと思っています。端的に言えば、地方税法上の守秘義務は、税務職員にとってみると、いわば本質的な「職業倫理」といえるものです。本質的な職業モラルがどういうものかが理解されていない、あるいは守られていないようでは、「脱税だ」「過少申告だ」といって納税者のモラルをとやかく言う資格はありません。税務課の職員である皆さんは、まず守秘義務が税務職員の職業倫理であること、それはどのようなものであるか等について、この章においてしっかりと勉強しましょう。

　それでは、まず身の回りの税務の窓口の現状から見ていきましょう。

 # Ⅰ　需要の多い税務情報

　税務課では様々な仕事をしています。市町村の税務課を例にとって、その仕事を見渡してみましょう。そこには税の賦課徴収の場というだけではない素顔が見えてきます。

　日常業務として税務情報を扱っているところで、住民に馴染みのある

ところというと、「証明窓口」があります。証明窓口では固定資産税の評価証明から住民税の所得証明、車検のための軽自動車税の納税証明、法人の存在を確認するための法人住民税所在証明、さらには「46証明」といって都市計画法の改正により市街化調整区域の線引きが行われる以前の土地の評価額の証明、さらにその市町村の区域内に固定資産を所有していないことの証明である「無資産証明」等々、実に盛りだくさんで、かつ多種多様な証明を求める需要があります。

このほか、税務署や県税事務所といった同業者や官公署とのお付き合いもあれば、一般住民の方でも、商店街の方や団地の管理人から、あるいはバイク通学禁止となっている学校の生徒指導の先生から、店先や団地の植え込み、校舎のわきなどに放置されているバイクのナンバーから持ち主を知りたいといった問合せがあったり、庁内からは、住民税の所得情報の収集のために福祉事務所の福祉職員が調査に来たり、大雨で土砂が道路を塞いだ土地の地主と連絡をとるために住民課の職員が固定資産（土地）課税台帳の確認に顔を出したりすることもあります。市町村の税務課は、地域行政の仕事を進めるうえで有益な情報がぎっしり詰まったいわば情報の宝庫であり、人気者でもあります（図表5－1）。

このような情報は税務課のシゴトから、半ば必然的に集積されてくるものでもあります。所得や資産の適正な把握の必要のために、住民の皆さんや事業を営む皆さんから、報告書や申告書といった税法上の義務を果たしてもらうという形をとって、市民生活や企業活動を反映した情報

◆図表5－1　需要の多い税務情報

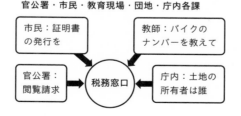

が寄せられてきます。住民税の賦課漏れ調査や新築や増改築のあった家屋の調査などを通じて税務課の側から積極的に情報収集も行われます。そのようにして収集された税務情報（租税資料）はいったん税務課の中で管理されます。

　図表5－2では、比喩として、税務課の中にあるドラム缶に税務情報（租税資料）が収納されている図が描かれています。学者は、このようにして収集された税務情報がドラム缶の中にある状態を指して、税務情報（租税資料）には門外不出の情報という性格がある、あるいは租税情報（租税資料）開示禁止原則があるといいます[注]（図表5－2）。

　よく見てください。このドラム缶には鍵がついています。税務情報はドラム缶の中にあって外に出してはいけないため鍵がかかって管理されている状態、つまり門外不出が原則です。税務情報は門外不出が原則であることを知ることは大事なことです。なぜなら、鍵は意識していないと、開けることができないからです。そして、意識して開けるには、ちゃんとした理屈がないと開けることができないことを知ることが重要です。ここで鍵といっているのは、税務情報を開示する理屈のことなのです。

（注）金子宏『租税法（第23版）』（弘文堂、2019年）915頁参照

◆図表5－2　証明、照会、閲覧に対する基本的な考え方

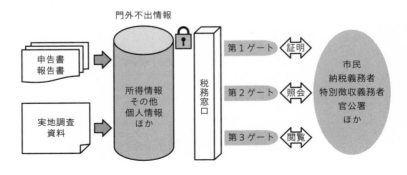

Ⅱ 証明、照会、閲覧に対する基本的な考え方—門外に出る3つのゲート

　錠を開けて情報を引き出すには理屈（鍵）が必要です。理屈が正当であれば、住民にきちんと説明ができます。情報を外部に引き出すには三つのゲートのいずれかをくぐらなければなりません。これには証明、照会、閲覧の三つのゲートがあります。

　一つめは、証明のゲートです。「証明」というゲートは、ドラム缶に保管されている情報を「証明書」、つまり記載されていることは公簿に書かれた事実であるということを公の書類で宣言してみせる方法（公証行為）によって外部に出ます。そのためのゲートです。一般住民が対象となります。

　二つめは、照会・回答のゲートです。官公署からの照会状に回答をすることが行われています。これによってドラム缶にあった情報が外部に出ます。照会に対する回答は情報開示という点では実質的に証明と異なりませんが、一般住民を対象とするのではなく、主として官公署を相手とするものです。照会者である官公署がその事務のために回答を必要としており、世間一般に公証するのとは違いますが、紙に情報を落としその紙を照会者に交付する方法によって外部に出ます。

　三つめは、閲覧のゲートです。閲覧は、門外不出の情報である税務情報を開示する（見せる）ことです。官公署においてそれぞれ個別の事情に応じて台帳等を開示するものであり、税務課側で紙に情報を落として相手方に渡すということはありません。これによって情報が外部に出ます。開示される情報は記録の必要があれば、閲覧者側で自ら用意した帳簿等に記録をつけることにより行われます。

　一般的で、数も多いのは証明であり、特定の事務のために行う照会・回答は数としては証明に比べてそれほど多くはありません。閲覧になると、対象者はさらに絞り込まれ、特定の事務のために特定の者に限って

行われます。

　以上の区別にどのような意味があるか。特別大きな意味があるわけではありませんが、門外不出情報である税務情報が証明、照会（回答）、閲覧という異なる経路を通って外部に出ていくことを確認することが大事です。門外不出の情報は、言葉を換えていうと守秘義務がかかった情報ということです。いずれも税法上の守秘義務がかかっており、外に出すからには、それぞれ守秘義務をクリアする理屈（鍵）がなければ外部に出すことは違法となります。実務でしばしば出くわす言葉に「証明はダメだが、閲覧だったらＯＫである」というものがあります。以上のことから考えると、このようなことは理屈としてはあり得ないことです。証明も閲覧も守秘義務が課されている情報であり、これをクリアしなければ外部に出してはいけないものであり、この両者に質的な差はないからです。同じことは「照会回答はダメだが、閲覧だったらＯＫである」についても言えることです。

Ⅲ　租税情報開示禁止原則

　さて、税務課が調査等で収集する情報には「租税情報開示禁止原則」というルールがあることは先に述べましたが、このルールは絶対的なものでしょうか。現に、三つのゲートの存在が明らかである以上、絶対であるわけはないとも思いますが、現在、例外扱いされていることがどこまで正しいかを考えてみることは大切です。このルールは絶対かと問いかけることは言葉を換えれば、どこまでこのルールが正しく運用されているかを問うことでもあります。実務の現場では当たり前のように受け入れていることでも、改めてその原理なり理屈を考えてみると、みんなが当たり前と考えていることがみんなで勘違いしていたということもあり得ることです。現実をすべて「当たり前のもの」として考える習慣は

改めた方がよいでしょう。少なくとも初任者にはそういう学ぶ態度が必要です。当たり前のように例外扱いしてきたことも、その根拠を改めて考えてみると、あいまいになってくることはないでしょうか。

　そこで、租税情報開示禁止原則の例外に進む前に、そもそも、租税情報開示禁止原則とは何かについて考えてみましょう。こんなことは税法のどこに書いてあるのか？　これは学者の世界の話ではないか？　いやいや、そうではありません。ちゃんとした理屈があります。この租税情報開示禁止原則とは、このようにスローガン的に表現した方が分かりやすいからそのように呼ばれているだけで、実定法には、このルールが税法の守秘義務としてきちんと書かれています。

　地方税では、地方税法第22条にルールを犯した場合の罰則が規定されており、国税であれば国税通則法第127条にルール違反の罰則が定められています。租税法には、税務情報を保護するため、このような規定が置かれるのが通例です。このような実定法の定めがこの原則の根拠であり、学者が租税情報開示禁止原則と呼んでいるものです。

●国税通則法第127条

第127条　国税に関する調査（不服申立てに係る事件の審理のための調査及び第131条第１項（質問、検査又は領置等）に規定する犯則事件の調査を含む。）若しくは外国居住者等の所得に対する相互主義による所得税等の非課税等に関する法律（昭和37年法律第144号）若しくは租税条約等の実施に伴う所得税法、法人税法及び地方税法の特例等に関する法律の規定に基づいて行う情報の提供のための調査に関する事務又は国税の徴収若しくは同法の規定に基づいて行う相手国等の租税の徴収に関する事務に従事している者又は従事していた者が、これらの事務に関して知ることのできた秘密を漏らし、又は盗用したときは、これを２年以下の懲役又は100万円以下の罰金に処する。

IV 実定法を見てみよう

それでは根拠条文を見てみましょう。

●地方税法第22条

（秘密漏えいに関する罪）

第22条 地方税に関する調査（不服申立てに係る事件の審理のための調査及び地方税の犯則事件の調査を含む。）若しくは租税条約等の実施に伴う所得税法、法人税法及び地方税法の特例等に関する法律（昭和44年法律第46号）の規定に基づいて行う情報の提供のための調査に関する事務又は地方税の徴収に関する事務に従事している者又は従事していた者は、これらの事務に関して知り得た秘密を漏らし、又は窃用した場合においては、2年以下の懲役又は100万円以下の罰金に処する。

この罰則で対象とされているのは、次の事務です。

1　地方税に関する調査に関する事務
①　不服申立てに係る事件の審理のための調査に関する事務
②　地方税の犯則事件の調査に関する事務
2　租税条約等の実施に伴う所得税法、法人税法及び地方税法の特例等に関する法律の規定に基づいて行う情報の提供のための調査に関する事務
3　地方税の徴収に関する事務

　以上のうち、不服申立てに係る事件の審理のための調査に関する事務、地方税の犯則事件の調査に関する事務、租税条約等の実施に伴う所得税法、法人税法及び地方税法の特例等に関する法律の規定に基づいて行う情報の提供のための調査に関する事務並びに地方税の徴収に関する

事務については平成23年度税制改正で加えられた規定です。不服申立てに係る事件の審理のための調査や地方税の犯則事件の調査に関する事務はもともと明文化されていなかっただけで、解釈として対象となる事務であります。租税条約等の実施に基づく情報提供のための調査事務と徴収に関する事務は新たに設けられた事務です。徴収事務は調査事務とは言えない内部事務等が対象とされています。

　そこで、改めて地方税法第22条の条文を犯罪構成要件と罰則に分解してみましょう。このような作業は一般的に規範分析といわれます。

（地方税法第22条の要件）

① 　主体：地方税調査事務・徴収事務の従事者
② 　対象：調査・徴収事務で入手した私人の秘密
③ 　行為：漏らす、窃用する
④ 　罰則：２年以下の懲役又は100万円以下の罰金

　この罰則はかなり重いです。どれくらい重いか見てみましょう。守秘義務違反を罰する規定は地方公務員法にもあります。こちらは職務上知り得た秘密と職務上の秘密を漏らした場合について規定しています。

●地方公務員法第34条、第60条

（秘密を守る義務）

第34条　職員は、職務上知り得た秘密を漏らしてはならない。その職を退いた後も、また、同様とする。

2　法令による証人、鑑定人等となり、職務上の秘密に属する事項を発表する場合においては、任命権者（退職者については、その退職した職又はこれに相当する職に係る任命権者）の許可を受けなければならない。

3　前項の許可は、法律に特別の定がある場合を除く外、拒むことができない。

（罰則）

> **第60条** 次の各号のいずれかに該当する者は、1年以下の懲役又
> は50万円以下の罰金に処する。
> 一 第13条の規定に違反して差別をした者
> 二 第34条第1項又は第2項の規定（第9条の2第12項におい
> て準用する場合を含む。）に違反して秘密を漏らした者
> 以下略

　地方公務員法第60条では罰則は「1年以下の懲役又は50万円以下の罰金」とされており、地方税法に比べ半分以下となっています。

　なぜ、同じような秘密を漏らす行為で、地方般公務員法より、地方税法は重く罰することにしたのか。比較の問題ですが、税の仕事がそれだけ重い仕事とされているからです。重いというのは責任のことばかりではありません。その意味は税務職員に与えられている権限にあります。税務職員に与えられた権限の中で、調査に関する権限について見てみましょう。

　これは税務職員に与えられている「質問検査権」と呼ばれる権限です。質問検査権は、地方税の各税目に置かれています。ここでは個人市町村民税の質問検査権を取り上げてみましょう。滞納処分のための調査事務については、国税徴収法の滞納処分の例によって、国税徴収法第141条の「質問検査」の権限が行使できますので、課税と同様の権限が与えられています。それではこのような質問検査権の意義について見てみましょう。

V　質問検査権とは

　地方税法では、市町村の徴税吏員に対して質問検査権を認めています。これは課税が適正に行われるための基礎的な事実を把握する手段として徴税吏員に与えられているものです。

　およそ税を課するにあたっては、その基礎となる課税事実の正確な把握が第一であり、そのためには各方面から資料を集める必要があります。このため、単に納税者に対して一定の申告、届出、報告等の義務を課し、納税者の申告、報告等に依存するだけではなく、一歩進めて徴税機関自らが課税の基礎事実の把握に努めるための手段を設ける必要があります。これが徴税機関である税務職員に質問検査権が付与された趣旨です。

　地方税法298条は、市町村民税の賦課徴収に関する調査のために必要がある場合においては、納税者等に対し質問し、帳簿書類その他の物件を検査し、当該物件（その写しを含みます）の提示若しくは提出を求めることができることとされているのです。

●地方税法第298条　（質問検査権）

（徴税吏員の市町村民税に関する調査に係る質問検査権）

第298条　市町村の徴税吏員は、市町村民税の賦課徴収に関する調査のために必要がある場合においては、次に掲げる者に質問し、又は第1号から第3号までの者の事業に関する帳簿書類（その作成又は保存に代えて電磁的記録（電子的方式、磁気的方式その他の人の知覚によつては認識することができない方式で作られる記録であつて、電子計算機による情報処理の用に供されるものをいう。）の作成又は保存がされている場合における当該電磁的記録を含む。次条第1項第1号及び第2号において同じ。）その他の物件を検査し、若しくは当該物件（その写しを含

む。）の提示若しくは提出を求めることができる。

　一　納税義務者又は納税義務があると認められる者

　二　前号に規定する者に金銭又は物品を給付する義務があると認められる者

　三　給与支払報告書を提出する義務がある者及び特別徴収義務者

　四　前三号に掲げる者以外の者で当該市町村民税の賦課徴収に関し直接関係があると認められる者

２　前項の場合においては、当該徴税吏員は、その身分を証明する証票を携帯し、関係人の請求があつたときは、これを呈示しなければならない。

第３項以下略

　つまり、「賦課徴収の調査のために必要があるとき」に質問検査権は発揮されるということです。この権限は、質問権と検査権を併せたものです。質問権は、次の者に対して行われ、検査権はこれらの者のうち①〜③までの者の事業に関する帳簿書類その他の物件に対して行われます（法298）。

　①　納税義務者又は納税義務があると認められる者

　②　納税義務者又は納税義務があると認められる者に金銭又は物品を給付する義務があると認められる者

　③　給与支払報告書を提出する義務がある者及び特別徴収義務者

　④　①〜③に掲げる者以外の者で当該市町村民税の賦課徴収に関し直接関係があると認められる者

　これらの調査は、特別にこのような規定がなくても、本来「行政作用の一環として」行うことができるものですが、地方税法がわざわざこのような規定を設けたのは、納税者側において調査を拒否した場合に有効に対処できるようにするためです。すなわち、納税者側において検査拒否、不答弁あるいは虚偽答弁が行われた場合は罰則の制裁があり得ると

いうことです。地方税法は、税務職員の調査による事実の把握を効果的に挙げようとするため、相手方が調査に非協力である場合には刑事罰を科すことができるとしています。

　なお、第3章でも説明したように徴税吏員は、その身分を証する証書を携帯しなければならないことを自覚することが大事です。

VI　質問検査権の行使と納税者等の調査受忍義務

　それでは、どのような罰則とされているのでしょうか。

●地方税法第299条

（市町村民税に係る検査拒否等に関する罪）

第299条　次の各号のいずれかに該当する者は、1年以下の懲役又は50万円以下の罰金に処する。
　一　前条の規定による帳簿書類その他の物件の検査を拒み、妨げ、又は忌避した者
　二　前条第1項の規定による物件の提示又は提出の要求に対し、正当な理由がなくこれに応ぜず、又は偽りの記載若しくは記録をした帳簿書類その他の物件（その写しを含む。）を提示し、若しくは提出した者
　三　前条の規定による徴税吏員の質問に対し答弁をしない者又は虚偽の答弁をした者

　調査を拒否した納税者を直接に強制することはできません。あくまでもこのような罰則を設けることにより、間接的に調査に対する協力を期待しているのです。期待に反して拒否された場合には、罰則の発動があり得ることになります。これを納税者の側から見ると、法律は税務職員

の質問検査権の行使に対して、これを受け入れる義務を規定しているということになります。これを納税者側の「調査受忍義務」と呼んでいます。調査の対象となるのは納税者の秘密を含むいわゆるプライバシーです。ということは、法的には税務職員の調査に対してはプライバシーを根拠に調査拒否をすることは許されないということになります。つまり、税務職員の質問検査権には、普通だったら何人にも保障されているプライバシーの権利を放棄させる効果を与えているのです。

　法律においてこのような権限を質問検査権として与えているのは、課税団体の運営経費を賄うための租税を確保するという課題に対して、優先的な価値を認めているからにほかなりません。それにしても、調査受忍義務にしても、またプライバシーの放棄にしても納税者にとっては、憲法で保障されている人権の制限を意味するもので、これは大変な犠牲です。ところで、そのような納税者の犠牲の下で収集された納税者個人の秘密情報が、勝手に漏れるようなことがあれば、納税者にとっては踏んだり蹴ったりということになります。このような勝手が許されるなら、まともに調査に協力できないというのが自然な感情になるでしょう。しかし、それではとても租税債権は確保できないことになります。だから、税務調査によって収集された納税者情報には厳密な守秘義務を設け、外部に出さないことを原則にしているのです。税務職員の守秘義務は、そういった意味では、納税者の調査受忍義務の代償として設けられたものとも言うことができます。これが守秘義務の置かれた理由です。

◆図表5−3　質問検査権と検査拒否に対する罪

・徴税吏員の市町村民税に関する調査に係る質問検査権（法298）
市町村の徴税吏員は、市町村民税の賦課徴収に関する調査のために必要がある場合においては、次に掲げるものに質問し、又は1号から3号までの者の事業に関する帳簿書類その他の物件を検査し、若しくは当該物件（その写しを含む。）の提示若しくは提出を求めることができる。
（以下省略）

・検査拒否に対する罪（法299）
1　前条の規定による帳簿書類その他の物件の検査を拒み、妨げ、又は忌避した者
2　前条第1項の規定による物件の提示又は提出の要求に対し、正当な理由がなくこれに応ぜず、又は偽りの記載若しくは、記録をした帳簿書類その他の物件（その写しを含む。）を提示し、若しくは提出した者
3　前条の規定による徴税吏員の質問に対し答弁をしない者又は虚偽の答弁をした者

↓

1年以下の懲役又は
50万円以下の罰金

私人に調査受忍義務

VII　守秘義務における「秘密」とは

　それでは、この守秘義務において保護の対象とされる「秘密」とはどのようなものか、次に見てみましょう。

　「秘密」という概念は、一般に①客観的な要件としての「非公知性」、つまりひろく公に知られていない情報と②主観的要件としての「秘匿の必要性」、つまり他の人に知られたくないと考えられる情報の二つで構成されるものと解説されています。

　特に、近年は「個人情報の保護に関する法律」との関係からいろいろと差異等の解説がされていますが、その違いについては図表にまとめましたので、図表5−4を参照してください。

1　非公知性（客観的要件）

これは、ひろく知られていない（知ることが容易でない）ことをいいます。

秘密については、しばしば「個人情報」との違いが問われます。

個人情報は、特定個人が識別される情報であり、そういった意味では公務員の職員録に載っている氏名も個人情報ですが、公務員の氏名はここでは「秘密」には当たりません。

2　秘匿の必要性（主観的要件）

これは、通常、他の人に知られたくないと考えられることをいいます。

個人情報では「他の人に知られたくないと考えられること」は要件とはされません。

個人情報と税法上の「秘密」（プライバシー）は、重なる部分もあります。プライバシーの方が、より狭い概念です。

●参考：個人情報とプライバシー

個人情報……個人に関する情報であって、当該情報に含まれる氏名・生年月日その他の記述等により特定の個人を識別することができるもの、又は他の情報と照合することによって特定個人を識別することができるもの（氏名、住所、生年月日、家族構成、成績、Eメールアドレス、収入、写真、映像など）

プライバシー……私生活に関して通常他人に知られたくない[※]と認められる情報（個人の信条、健康状態、職業、経歴、所得など）

プライバシー権①みだりに自分の私生活を公開されない権利
　　　　　　　②自分の情報をコントロールする権利
※「知られたくない」は個人情報の要件ではない。

このような秘密の概念は、地方公務員法でも用いられており、特に、地方公務員法第34条第2項の職務上の秘密との違いは注意しておくと良いでしょう。

◆図表5－4　個人情報とプライバシー

個人情報
・住所・氏名・性別・生年月日を基本情報とし、個人が特定される情報。他の情報と組み合わせることによって個人が特定される情報を含む。
・根拠：個人情報保護法
　　　　地方公共団体の条例
・客観的に管理可能な情報

プライバシー
・放っておいてもらうこと（消極的意義）
・自分の情報は自分でコントロールすること（積極的意義）
・個人の私的領域の保護（人格生活領域）
・根拠：憲法13条等と判例
・どちらかというと個別性が高い

◆図表5－5　秘密に関する概念図（地公法34①）

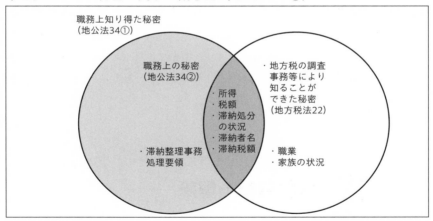

職務上知り得た秘密
（地公法34①）

職務上の秘密
（地公法34②）

・所得
・税額
・滞納処分の状況
・滞納者名
・滞納税額

・滞納整理事務処理要領

・地方税の調査事務等により知ることができた秘密
（地方税法22）

・職業
・家族の状況

VIII　地方税法第22条の守秘義務の本質

　守秘義務が、納税者の受忍義務という犠牲の上に、その代償として設けられ、納税者のプライバシーを守るためにあることは既に述べたとおりですが、それでは税務職員の守秘義務が税法に定められているのは納税者のプライバシーを守るためなのか、納税者のプライバシーを守ることを通じて租税行政秩序を守ることにあるのか、講学上は議論があるようです。これはプライバシー保護を守秘義務の本質とする考え方と、租税秩序の維持確保を本質とする考え方とがあり、いずれの考え方を本質と考えればいいかということです。ここでは深く立ち入ることはしませんが、実務に従事している皆さんは、守秘義務は後者の租税秩序を維持確保することを本質とするという考え方に立って仕事を進めてください。

　守秘義務が守られないようであれば、納税者の調査に対する協力は得難いものであり、納税者の協力が得られなければ、租税は確保されません。租税が確保されなければ、自治体経営は破綻することになるでしょう。このように制度の理由を問い詰めていくと、守秘義務は租税秩序を守るためにあるものと考えることになります。これが、この章の冒頭で、守秘義務というのは税務職員の「職業倫理」である、と宣言したわけです。

IX　守秘義務の解除

　それでは、そのような税法上の守秘義務が例外として開示することが許容される場合とはどのようなものか、法的に禁止された開示禁止命令を解除する条件とはどのようなものか、ということについて考えてみま

しょう。つまり守秘義務の解除条件とは何かという問いです。答えは、案外シンプルです。

　守秘義務というものが、法律によって開示を禁止するものであれば、その禁止命令を解除するのも、やはり法律だということです。

　この理屈を最初に簡明にしたのは、次の行政実例です。

　「地方税に関する調査に関する事務に従事する職員が、『その事務に関して知り得た秘密』を第三者に知らせる行為が適法であり、同条に規定する犯罪とならないものと解し得るためには、そのような行為を適法なものとして許容したと認めるに足りる法律の規定があることを要すると解すべきは当然である」（昭和38年3月15日内閣法制局一発第6号、内閣法制局第一部長から自治省税務局長回答）

　その後、この考えは判例でいうリーディングケースとなって、裁判等で引用され、基本となる考え方として踏襲され今日に至っています。

　しかし、実際にどのような場合に、法律がこれを許したと考えるかは、必ずしも簡単に分かるものではありません。守秘義務解除に値するという理屈を個々の条文の規定を調査し、分析することによって求め、確信を得る必要があるからです。

　また、現実に実務を行っている中で逐一こういった作業を一つひとつ行うことができるような状況ではないというのも本音かもしれません。

　そこで、一般的な基準を立て、そののちに個々に適用していくための基準を一定の特徴を捉えて分類していくほかありません。

◆図表5－6　守秘義務の例外とその基準

Ⅰ 本人の同意は違法性を阻却する。
　本人同意

Ⅱ （開示）請求に応じることを適法なものとして
　許容した法律の規定があること
　適法性の許容要件
　（守秘義務解除の条件）

守秘義務解除の一般的な基準としては、図表5-6のIに掲げられていますが、まず税務情報の開示に対する本人の同意があります。

　最初に「本人同意」があるのは、税法上の守秘義務が納税者等本人の秘密（プライバシー）を保護するために設けられたことから容易に理解できるところでしょう。

　一般に犯罪が成立するためには、①刑事法規に規定する構成要件に該当すること（構成要件該当性）、②それが法秩序に違反すること（違法性）、③その行為が責任能力のある者によって行われたものであること（有責性）、これらの三つの要件が必要と刑法の教科書では解説されています。つまり犯罪とは、構成要件に該当する違法、有責な行為であるとされているのですが、本人の同意は、違法性を阻却するものと解されているのです。

　つまり、本人同意が守秘義務を解除するのは、秘密を開示する行為が形式的には法律（構成要件）に抵触するように見えても、本人同意があることによって守るべき法益（保護すべき秘密）が放棄されたものと考えられ、秘密を開示する行為が全体としての法秩序に違反することになるものとは考えられないためです。

　実務では、証明窓口に多く例を見出すことができます。税務証明の窓口から門外不出情報である税額や評価額が出ていくことができるのは、申請書を通じて「本人の同意」又は申請書に添付された本人同意を意味する本人の「委任状」があるからです。

　図表5-6のIIに掲げられた基準が、先の行政実例である内閣法制局第一部長回答にある考え方です。

　これは開示請求に応じることを許容したものと考えられる法律の規定があることです。典型的には、公営住宅法の規定に基づく公営住宅の長からの公営住宅入居者の所得情報の照会がありますが、これに類した例は社会保障関係等の規定には数多くあり、年々増加しています。根底にある社会保障や政策の変更に伴い法律改正が行われているためです。

実務でⅡの基準が検討されるのは、官公署等からの公用照会を受けてこれに応じるかどうかを判断する場合です。中には、適法かどうか紛らわしいものもあり、正確な知識を必要とするものですから、迷った場合は上司に相談するか、参考図書『地方税務職員のための事例解説　税務情報管理とマイナンバー』（地方税事務研究会、2019年）をもとに勉強しておいてください。

　以上でこの章の解説は終わりますが、税務職員の守秘義務というのは、これに違反すると刑罰法規による制裁があるから守るという消極的、後ろ向きなものであってはなりません。守秘義務、つまり納税者の秘密を守るということは納税者との信頼関係を確保する大事な約束事であり、きちんと守られているかどうかに納税者の信頼がかかっています。この信頼はいったん失われれば税務の仕事に対して深刻なダメージを与えることになります。ですから守秘義務は税務に従事する全ての職員にとっての職業倫理として大事にしなければならないものです。守秘義務＝税務の仕事を守ることなのです。このことを改めて胸に刻んで前向きに受け止めて業務に臨んでいただきたいと念願しています。

Column　個人番号と特定個人情報の関係はどうか

　個人番号というよりマイナンバーといった方が親しみやすいかもしれないが、個人番号は本書でも紹介している番号法において定義されており（番号法2⑤）、基本的に日本に住所を有し、住民票に記載されたすべての国民に対して住民票コードを変換して付番された12桁の唯一無二の番号である。個人番号は、通知カードにより本人に通知しなければならないこととされており、既に本人の申請により「個人番号カード」が市町村の窓口において交付されている。

　本書の読者で個人番号カードを持っている人は、給与支払者に個人番号を報告する際に使用されているかもしれない。同カードの表面には氏名、住所、性別、生年月日の四つの情報、つまり「基本4情報」とともに本人の写真が表示されており、その裏面には個人番号と氏名、生年月日が記載されている。個人番号は、個人情報の定義にある「個人に関する情報であって、その情報に含まれる氏名、生年月日その他の記述等により特定の個人を識別できるもの」であり、個人情報である（個人情報保護法2①）。

　個人番号を含む個人情報を特定個人情報といい、番号法では随所に出てくる用語であるが、税務関係では、個人番号の記入が義務付けられている確定申告書や給与支払報告書等が特定個人情報となる。

　特に、特定個人情報に含まれる個人番号は、個人識別機能を備えているので個人番号で名寄せすることにより個人の人格権の侵害の危険性が高いため、一般の個人情報より厳格な取扱いが要請されており、さらにその保護についても利用制限、提供制限及び収集保管制限など番号法全体を通じて厳重な規制措置が講じられていることに注目することが大事である。

　個人番号制度は社会保障・税・災害対策分野において利活用することを趣旨として創設されたものであり、税務の仕事で円滑に利活用できるよう税務職員として真剣に取り組んでほしい。

第 **6** 章

対話で学ぶ
税務職員のための
マイナンバー入門

第6章では、税務職員が知っておきたいマイナンバーの知識について、新任税務職員のAさんと研修担当職員Bさんの対話形式で、解説します。あくまでも入門編ですので、より詳しく知りたい方は、『地方税務職員のための事例解説　税務情報管理とマイナンバー』（地方税事務研究会、2019年）を確認してください。

Ⅰ　マイナンバーとマイナンバーカード

Aさん

マイナンバーカードについては、ポイント還元だとか、運転免許証と兼用するようにするとか、何かと話題になっていますが、最近マイナンバーとマイナンバーカードは違うということを聞くようになりました。どのように違うのでしょうか。

Bさん

　二つの用語が同じように使われているのは、マイナンバーカード（個人番号カード）が主に話題になることが多いせいかもしれません。この二つの用語は分けて使いましょう。マイナンバーはニックネームとして使われており、共通番号あるいは法令名である個人番号のことです。

　これに対して、マイナンバーカードは、氏名、住所、生年月日、性別、個人番号等のカード記録事項が記載され、表面には本人の顔写真が表示され、裏面にはマイナンバーが刷り込まれているもので、これらの事項が電磁的な方法で記録されているものをいいます。

　まず、マイナンバーカードからお話ししましょう。

　マイナンバーカードは、番号法では「個人番号カード」という法令名で、主に本人確認に使うことが想定されているものです。

番号法で本人確認する際には、提示された番号に付属する情報からその人の番号であると確認する番号確認と髪や顔かたちといった形質情報から本人に違いないと確認する身元確認の二つの確認行為によって行われます。形質情報というのは、髪の毛や顔の形象、身長など生物の持つ形態や機能上の特徴を示す情報のことをいいます。

　図表6−1は、カードのイメージです。正式には総務省令（平成26年11月20日総務省令85号）にその様式が定められています。ここで、マイナンバーカードに記録される事項と役割について簡単に紹介しておきましょう。

　マイナンバーカードに記録される事項は次のとおりです。

① 　個人番号

　マイナンバーカードの裏面に記載され、これによりマイナンバーカードをコピーしたりするときに、氏名等の基本4情報と一緒に個人番号が記録されないようにされています。番号利用事務での確認の際は、表の顔写真と合わせて本人確認できるので簡易に事務処理ができるメリットがあります。

② 　ICチップ

　券面に書かれている情報（氏名、住所、生年月日、性別、個人番号、顔写真など）のほか、電子申告の際に必要な公的個人認証サービスにおける電子証明書が記録されます。これらの情報は、あらかじめマイナンバーカードにインストールされるアプリケーションに格納されるかたちで記録されます。とくに顔写真が確認できることになるので、なりすまし防止対策として有効と考えられます。

③ 　サインパネルの領域

　マイナンバーカードの表面に設けられており、住所や氏名等の記載事項に変更があった場合に、変更後の情報を記載する領域として考えられますが、手書きでも専属プリンタのどちらでも書き込むことができます。

④ QRコード

　QRコードから個人番号を読み取ることができるので、照合番号入力時や番号利用事務において、手書きによることなく、カードから効率的かつ正確に読み取ることができるものとされています。個人番号の取扱いに神経を使う庶務事務において、主に人事異動や経理事務等で効果的な仕組みとなることが期待されています。

◆図表6－1　個人番号カード（マイナンバーカード）

表面

個人番号カード

成年月日 平成10年3月31日 ● ● 女
2026年 3月31日まで有効
セキュリティコード 1234

サインパネル領域

③ 住所変更などがあった場合に利用。

裏面

② ICチップ

個人番号 1234 5678 9012

成年月日 平成10年3月31日

電子証明書
の有効期限の
追加ロゴ
予備領域

④ QRコードで、個人番号12桁を記録する。

※「QRコード」は株式会社デンソーウェーブの登録商標です。

　これまで我が国には身分（本人）確認のできる本格的なツールがありませんでしたが、以上のとおり、身元確認と番号確認がマイナンバーカード1枚でできるという便利なカードができました。

　今後、電子申告や行政手続のオンライン窓口として各人別に設けられたマイナポータルの活用など様々なシーンで利用されることが期待されているところです。

Ｂさん

Ａさん

　これから我々の生活の様々なシーンで利用が考えられているこのカードとマイナンバーという用語は分けて使うようにというのはどういうことでしょうか。

それでは、マイナンバー（共通番号）の説明に入りましょう。

　マイナンバー制度が導入される前までは、例えば社会保障給付の申請・届出をする際には、市町村等で発行する納税証明書等の各種の証明書等を申請書に添付して行政機関に提出しなければなりませんでした。申請者が時間をかけて集めるこれらの添付書類を行政機関間で直接確認することによって提出を省略できれば、市民の負担は軽減されるはずです。そこで、マイナンバー制度の導入後は、行政機関等が連携してネットワークを利用して申請・届出に必要な事項を確認することによって、添付書類の提出を省略できるようにしました。その際に用いられるのがマイナンバー（共通番号）です。しかし、この連携に使われる共通番号はマイナンバーカードに記載されている番号とは異なる番号が用いられています。

Ｂさん

Ａさん

　えっ、マイナンバーカードに記載されている番号を使うのではないのですか？

　マイナンバーカードに記載されている番号は、市民の方が市町村等の窓口で共通番号を利用して行う申告・届出の時に使われます。ネットワークで使われる共通番号は、このネットワークだけで使う電子的な番号が用いられ、同一人について行政機関ごとに異なる番号が割り当てられています。マイナンバーカードに記載されている個人番号を「見える番号」と呼び、ネットワークで使用される番号を「見えない番号」と呼んでいます。見えない番号は機関別符号と呼ばれ、万一ネットワークに侵入して個人の情報を奪おうとしても、見える番号では検索できません。他方、見えない番号（機関別符号）は各行政機関ごとに異なる

Ｂさん

番号が割り当てられており、その行政機関にしか分かりません。仮にこの割り当てられた番号が漏れて情報検索に成功したとしても、その漏れた番号から各機関に分割管理されている個人情報が芋づる式に引き出されるということはありません。万一のことを考え、被害が最小限になる工夫が二重三重に施されています。これがマイナンバーカードに記載された見える番号ではなく、ネットワーク限りの見えない番号が使われている理由です。このようなネットワークの仕組みは「情報提供ネットワークシステム」と呼ばれ、総務大臣が管理しています。

この情報提供ネットワークシステムこそ、番号制度の核であり、マイナンバー制度の肝などと呼ばれ大変大事な役割を担っています。覚えておいてくださいね。ここが一番肝心なところですから。

II 個人情報保護法の特別法としての番号法

Aさん

マイナンバー制度って別表だ、利用だ、提供だっていろいろな用語が飛び交って、すごく複雑でむずかしいのかな、と身構えてしまうのですが…。

Bさん

番号法は、個人情報保護法の特別法で、マイナンバーに紐づいた個人情報を「特定個人情報」と呼んで保護しようとするものですから、用語の定義が厳密になっているということがあります。

ここでは、基本的な用語についてお話しましょう。

まず、ここで使われているマイナンバー制度は公式には次のよう

に定義されています。

> 複数の機関に存在する特定の個人の情報を同一人の情報であるということの確認を行うための基盤であり、社会保障・税制度の効率性・透明性を高め、国民にとって利便性の高い公平・公正な社会を実現するための基盤（インフラ）である。（「マイナンバー制度における情報連携について」平成28年5月総務省資料）

　このような社会インフラをきちんと働かせるために、この制度で使われる用語をまずは正しく理解することから始めましょう。

　以下、「利用」、利用事務の種類と範囲、「提供」、情報連携のルール等マイナンバー制度特有の用語についてお話します。

　番号法でまず知ってほしいのが、ご質問にありました「利用」と「提供」の二つの用語です。番号法は個人番号に紐づいた個人情報、つまり特定個人情報を保護するために、特定個人情報の利用と提供に関する法律と言っても過言ではありません。

　番号法で「利用」とは、「個人情報を効率的に検索し、及び管理するために必要な限度で個人番号を利用すること」をいうものです（番号法9①）。番号法で定める利用できる人（主体）は利用できる事務に限って特定個人情報を利用できるものとされています。個人番号を利用する事務は、番号法では「個人番号利用事務」と呼ばれています。

　この特定個人情報の利用は、社会保障と税と災害対策の3分野に制限されており、これらの分野では番号法の別表第1に個別に利用できる者と利用できる事務が規定され、この別表第1の事務は法定事務と呼ばれています。

　また、別表第1の事務に類似するものとして地方団体が独自に行っている事務（独自事務）、地方団体の同一機関内部で利用する

事務（庁内連携事務）があり、これらの事務についても条例で定めることにより利用事務とすることができます。

このほか、例えば、報酬等の支払いをする者が所得税法の規定に従い、報酬等の支払調書を作成し税務署長に提出する場合のように、個人番号を利用する人のために他人の個人番号を使う事務は「個人番号関係事務」と呼ばれていますが、このような事務のために個人番号を利用する事務や激甚災害に際して個人番号を利用する事務及び番号法第19条により特定個人情報の提供を受けた人が個人番号を利用する事務が番号法によって利用することができる事務とされています。

番号法で「提供」とは、特定個人情報を利用する行為を超えて移転させることですが、番号法では原則として特定個人情報の提供が禁止されています（番号法19柱書）。

番号法で例外として提供できるのは、個人番号利用事務や個人番号関係事務で特定個人情報が提供される場合（番号法19一、二）や情報提供ネットワークシステムを使って提供する場合（番号法19八）、個別に特定された公益上の必要により情報提供できる場合（番号法19十五）などがありますが、この番号法19条各号に列挙された場合を除いては、提供が制限されています。

情報提供ネットワークシステムを使って提供が行われる場合は、番号法別表第2で当該情報の提供の求めができる機関とその事務、当該情報の提供先や提供される事務が個別に列挙され、その詳細は主務省令で明確化されています。情報提供ネットワークシステムを介した情報の求めとこれに対する提供を「情報連携」と呼んでいますが、情報提供ネットワークシステムによって情報連携ができる場合は、番号法以前の紙による所得等の照会と回答よりもはるかに迅速、確実に事務処理ができることになります（番号法別表第1と番号法別表第2のイメージは図表6－2と図表6－3を参照）。

◆図表6-2 （番号法9条1項）イメージと主務省令（例）

別表第1

①利用主体	②事務
1	・・・主務省令で定めるもの
16　都道府県知事又は市町村長	地方税法その他の地方税に関する法律及びこれらの法律に基づく条例による地方税の賦課徴収又は地方税に関する調査(犯則事件の調査を含む。)に関する事務であって主務省令で定めるもの

〇主務省令

〇行政手続における特定の個人を識別するための番号の利用等に関する法律別表第1の主務省令で定める事務を定める命令（平成26年9月10日 内閣府総務省令第5号）

第16条　法別表第1の16の項の主務省令で定める事務は、地方税法（昭和25年法律第226号）その他の地方税に関する法律及びこれらの法律に基づく条例による地方税の課税標準の更正若しくは決定、税額の更正若しくは決定、納税の告知、督促、滞納処分その他の地方税の賦課徴収に関する事務又は地方税に関する調査（犯則事件の調査を含む。）に関する事務とする。

◆図表6-3 （番号法19条8号）のイメージと主務省令（例）

別表第2

①情報照会者	②事務	③情報提供者	④特定個人情報
1	・・・主務省令で定めるもの		・・・主務省令で定めるもの
3　健康保険組合	健康保険法による保険給付の支給に関する事務であって主務省令で定めるもの	市町村長	地方税関係情報であって主務省令で定めるもの

〇主務省令

〇行政手続における特定の個人を識別するための番号の利用等に関する法律別表第2の主務省令で定める事務及び情報を定める命令（平成26年12月12日 内閣府総務省令第7号）

第3条　法別表第2の3の項の主務省令で定める事務は、次の各号に掲げる事務とし、同項の主務省令で定める情報は、当該各号に掲げる事務の区分に応じ当該各号に定める情報とする。（1号から12号まで略）

Aさん

　　　　　情報提供ネットワークシステムが実際の事務の改善に大きく貢献していることは分かりました。

　　　　先輩から聞いた話でも、この制度が運用を始める前までは、私たち税務課の窓口では、個人住民税の納税通知書を発送した６月初め頃から多くの市民の方が課税証明書の申請のために住民税の窓口にお出でになり、発行までの間、長時間お待ちいただくなど、ご負担をおかけしていました。この制度が運用されるようになってから、この時期の窓口の混雑が相当程度緩和されるようになったと聞いています。

　　社会保障を行ううえで所得限度額など税のデータが大事な役割を果たしているということがあります。このことを具体的に表すものとして次の図表６－４を見てください。この表には税務課から提供される所得等のデータが社会保障を下支えしているという実態がはっきり表れています。

Bさん

　　図表６－４の「２　現状」をご覧ください。

　　ここでは、平成30年中に行われた情報連携の件数が掲げられています。

　　地方税の賦課徴収手続で行った情報照会手続の件数は、全手続のうちおよそ27％程度ですが、地方税の課税情報を提供した件数は、提供された全部の特定個人情報のうちおよそ89％という数値が出ています。

　　このデータからいえることは、社会保障事務を行うために地方税のデータが活用され、社会保障事務を地方税がしっかり下支えして

いうことです。つまり、地方税は、社会保障のための共通番号制度にはなくてはならない戦力として、陰の主役を務めているということです。

◆図表6-4　マイナンバーによる情報連携

○各種手続の際に住民が行政機関等に提出する書類（住民票課税証明書等）を省略可能とするなどのため、マイナンバー法に基づき、異なる行政機関等の間で専用のネットワークシステムを用いた個人情報のやり取りを行う。

1. 経緯

・平成 27 年 10 月　　　国内全住民に付番
・平成 28 年 1 月～　　　国税・地方税・社会保障関係手続
　　　　　　　　　　　　（年金関係を除く）において利用開始
・平成 29 年 11 月～　　情報連携の本格運用開始（約 850 事務手続）
・平成 30 年 10 月～　　情報連携の拡充（約 1200 事務手続）
・平成 31 年 1 月～　　　年金関係手続（約 1000 事務手続）の
　　　　　　　　　　　　情報連携の開始に向けた準備

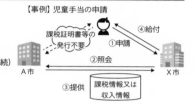

【事例】児童手当の申請

2. 現状

○情報照会・提供件数

　平成 30 年 1 月 1 日（月）から平成 30 年 12 月 31 日（月）までの情報照会・提供件数
　情報照会件数：6,668,350 件
　情報提供件数：6,247,055 件
　※平成 30 年夏以降、情報提供件数は平均約 20 万件／週

〈参考〉主な手続・特定個人情報の件数（平成 30 年 1 月 1 日～平成 30 年 12 月 31 日）

No	手続名	件数
1	地方税の賦課徴収手続	1,183,758
2	児童手当関係手続	1,118,736
3	国民健康保険関係手続	1,022,127
4	学資の貸与関係手続	638,048
5	指定難病特定医療費支給関係手続	414,868

No	特定個人情報	件数
1	地方税の課税情報	5,459,546
2	住民基本台帳関係情報	414,691
3	医療保険資格関係情報	233,922
4	介護保険給付等関係情報	23,214
5	雇用保険給付関係情報	19,971

Aさん

税務課の職員にとってマイナンバーって「ふかーい特別のご縁」で結ばれてるんだって先輩から聞かされました。これは初めて聞くことですが、ご縁ってどんなことですか。

マイナンバーというのは我が国で平成25年に初めて導入された共通番号に付けられたニックネームです。正式には「社会保障と税の共通番号制度」として考案され、

Bさん

住民票を有するすべての個人に唯一無二に付番された12桁の番号をいいます。番号法では「個人番号」という用語が用いられています。

この共通番号制度ができるずっと以前から、国や地方の行政の間ではそれぞれ国民年金番号、住民票コード、宛名番号などいろんな番号を使って仕事をしていたものですが、これまでのままだと、お互いに仕事の連携がしにくい、第一非効率だということで、半世紀くらい前から行政間で共通の番号を考案できないかということが検討されてきました。その結果、生まれたのがマイナンバー制度、すなわち社会保障と税の共通番号制度というわけです。

検討が始まってからマイナンバー制度ができるまでに半世紀もかかったというのは、今から考えると驚きかもしれないですね。この制度ができるまでには、いろんないきさつや国民の皆さんの共通番号制度に対する警戒感などがあって、実現するまでに大変な時間がかかったということです。

先輩が「ふかーい特別のご縁」というのは、この長い時間に税務の仕事が深く関わっていたことからおっしゃってることではないかと思います。

Aさん

少し興味がわいてきました。税務とマイナンバーの関係なんて初めて聞く話です。

Bさん

共通番号制度が我が国で話題に上がったのが1970年のこと。

新聞に、霞が関で国民総背番号制度が検討されているという記事が出たことが発端。当時の行政管理庁に各省庁の職員が集まって「事務処理用統一コード」という共通番号制度を検討していることが報じられたことにあります。

これに対して国民の反応は、これは「国民監視」の仕組みではないか、戦前の監視（警察）国家に復帰しようとしているのではないか、と今でいう炎上状態になったということです。

対応に苦慮した政府は、その3年後に当時の福田赳夫行政管理庁長官が国会で弁明し、新聞で政府は検討を止めたと報じられています。

Aさん

いや、大変な騒動だったんですね。

Bさん

結果的にこれがいわば遠因となって、共通番号制度へのチャレンジがなかなか進まなかったということかもしれませんね。

Aさん

我が国での共通番号制度の採用は、先進国に比べて遅いということも聞いています。

有識者の話では、世界で共通番号制度を最初に提案したのは1961年のJ・F・ケネディ米国大統領の租税教書といわれています。我が国は遅いといえば遅い。

　まず、申告納税制度を採用するアメリカで、当時国民に付番されていた社会保障番号（SSN）を使って納税申告書を提出することになりました。それから各国に広がっています。

Bさん

やっぱりきっかけは税金だったんだ（驚）。

Aさん

　その10年後に行政管理庁の話が出て来るので、当然影響はあったと思います。当時も税の不公平はやかましく論じられていました。いわゆる「くろよん問題」です。

Bさん

えっ、「くろよん」!?　「くろよん問題」って何ですか。

Aさん

　「くろよん」というのは「9・6・4」のことです。つまり、これは所得の捕捉差の問題のことで、サラリーマンが所得税の源泉徴収などで給与所得の9割が捕捉されているのに対し、事業者の営業所得は6割、農業所得は4割程度しか捕捉されていないと言われる。あるいは「とうごうさんぴん問題」とも言われる。「とうごうさんぴん」とは「10・5・3・1」のこと。これはサラリーマンが所得の100％が課税されているのに対し、自営業者は5割、農業所得者は3割、政治家は1割しか課税されていないというように、所得者によって実際の税負担が違うのは不公平ではないか、という主張のことです。サラリーマンばかりが税の執行

Bさん

面で損をしているとマスコミなどでも採りあげられ、税の不公平感の根が深いものであることを世に知らしめた問題のことです。

Aさん

えっ、えー!?　それってどこまで確かな話なんですかぁー。

実際の捕捉差がどのくらいか、正確なことは分かっていません。でもサラリーマンが源泉徴収制度でほとんど所得を捕捉されていることへの不公平に対する不満が噴出したのは間違いありません。

Bさん

　源泉徴収制度について言えば、当時から深刻に論じられていたのが資産所得の名寄せの問題です。利子、配当といった資産所得については源泉徴収制度が採られ、支払調書の提出義務もありましたが、膨大な支払調書を共通番号抜きで個人別に名寄せすることは不可能です。また誰のものか分からない「仮名預金」などもあり、仮に名寄せしたとしても、資産の帰属者を正確に把握することもできません。こうしたことから共通番号制度の必要性は有識者の間では担税力に応じた公平な税制を実現するために不可欠の制度との認識がありました。

Ⅴ　はじめは納税者番号制度の模索

　こうした機運を背景に政府税制調査会は、1978年に「納税者番号制度の検討」を打ち上げ、政府においては、これを縮小したグリーンカード制度（図表6-5）の提案、法案化、課税貯蓄の利子の総合課税に関する法案を国会で通過させました。しかし、ここで前代未聞の出来事が起きました。

　法案が正式に制度化され実施の前に延期され、そして廃止となったことです。

Bさん

どうしてまたそんな理不尽な（怒）。

Aさん

　共通番号を付番したグリーンカードは預金の出し入れの都度使用するため、預金者の財布の中がスケスケになってしまう。それだったら預貯金ではなく他の資産に切り替えようという訳で、当時このために資金シフトが起こったと言われています。これは「税制の経済に与える中立性の原則」に反するなど、与党国会議員を中心に反対、廃止の大合唱が起こったと言われています。

Bさん

◆図表6-5　グリーンカードのイメージ

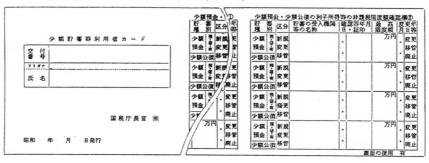

Bさん

　このグリーンカードの挫折のショックは長く我が国を
覆い、その後の流れを追うと、共通番号制度への抵抗感
は一種のトラウマ化したとも言えるかもしれませんね（図
表6-6）。住基ネット反対運動の経過はそのことを窺わせるもの
です。住基ネットとは、住民基本台帳ネットワークシステムのことで、
それまでそれぞれの自治体で管理されていた住民記録情報を統一化
して、住民の利便性の向上と自治体の行政事務を効率化するため住
民基本台帳をネットワーク化し、全国共通のシステムとして構築し
ようとするものとされていました。ところが、法律ができシステムが
本格稼働するあたりから、国民の間に住基ネットは国民監視につな
がるのではとの懸念が広がり、平成14年頃から長期間にわたって全
国的な反対運動が行われています。

◆図表6-6　マイナンバーによる情報連携までの流れ

西暦	和暦	項目
1961	昭和36年	米国　内国歳入法典の一部改正（6109条a） 社会保障番号（ＳＳＮ）を利用 JFK大統領の租税教書（Tax Message）
1970	昭和45年	行政管理庁　「事務処理用統一コード」
1973	昭和48年4年	福田行政管理庁長官 「事務処理用統一コード」の検討を中止 国会答弁：「世界の大勢、国民コンセンサスの流れ、そういうものをよく見た上、結論を得べきものだ」
1978	昭和53年9月	税制調査会「納税者番号制度の検討を」
1978	昭和53年12月27日	税制調査会「昭和54年度の税制改正に関する答申」グリーンカードに関する導入検討意見
1979	昭和54年12月20日	税制調査会「昭和55年度の税制改正に関する答申」グリーンカード制度の提案
1980	昭和55年3月31日	所得税法の一部を改正する法律（昭和55年法律第8号）公布→昭和59年1月1日から運用を開始（併せて課税貯蓄の利子の総合課税）予定。
1983	昭和58年3月31日	施行を3年延期
1985	昭和60年3月	グリーンカードの廃止
1988	昭和63年12月13日	税制調査会・小委員会からわが国で最初の納税者番号制度に関する報告書（第一次報告書）を提出
1992	平成4年11月24日	小委員会報告書(第二次報告書)
1996	平成8年3月	「住民記録システムのネットワークの構築等に関する研究会」報告
2002	平成14年8月5日	住基ネット第一次稼働 住基ネット反対運動
2003	平成15年8月25日	住基ネット第二次稼働
2005	平成17年5月30日	金沢地裁判決（国敗訴）　愛知、福岡、大阪、千葉、埼玉等の各県で訴訟
2008	平成20年3月6日	最高裁合憲判決 税制調査会：累次の導入答申
2009	平成21年9月16日	民主党による政権交代　マニュフェスト
2009	平成21年12月22日	民主党政府「平成22年度税制改正大綱〜納税者主権の確立に向けて〜」　社会保障・税共通の番号制度導入を進める。
2010	平成22年2月8日	「社会保障・税に関わる番号制度に関する検討会」を設置して、検討開始
2010	平成22年2月23日	原口五原則を提示　住基ネットからのスタンスを変更
2012	平成24年2月17日	法案提出（24・2・14） 社会保障・税一体改革大綱
2012	平成24年12月16日	(11月の衆議院解散に伴い審議未了廃案)　自民党政権復帰
2013	平成25年5月24日	自民党・公明党政府によるマイナンバー法の提案、成立

Aさん

住基ネット反対運動は訴訟にまでなったんですね。

Bさん

　全国に波及し24件訴訟が起こされ、それが終息したのが2008年の最高裁判決。その翌年暮れに衆議院選挙で政権交代があり、共通番号制度の導入を掲げた民主党によって法案化が行われましたが、その仕上げは、政権に復帰した自民党・公明党の連立政権と民主党の協力によって行われたということができます。

Aさん

　ちょっと待ってください。納税者番号制度はどうなったんですか。

Bさん

　名称が納税者番号制度から社会保障と税の共通番号制度、すなわちマイナンバー制度に変わり、納税者番号制度は新たな共通番号制度に包摂されたということができると思います。また、名称の変更は、共通番号制度の中での税務の役割に変化をもたらしています。グリーンカード制度や納税者番号制度の場合は、主に国税サイド中心の役割が想定されていましたが、マイナンバー制度に変わったことにより、共通番号制度の役割の中心が地方税に移ってしまいました。

　このことは既にお話しました（Ⅲ　マイナンバー制度は地方税が陰の主役）が、このようなマイナンバー制度の骨格を決めるために、実は平成20年３月の最高裁判決が大事な役割を務めています。図表６−７を見てください。

◆図表6−7　最高裁判決の示したハードル

最高裁判決　平成20年3月6日
争点：住民基本台帳システムの運用はプライバシー権の侵害にあたるか。
判決：国側勝訴
判決理由：「行政機関が住民基本台帳ネットワークシステムにより住民の本人確認情報を収集、管理又は利用する行為は、憲法13条の保障する個人に関する情報をみだりに第三者に開示又は公表されない自由を侵害するものではない。」
◎プライバシーの侵害にあたらないネットワークシステムの条件
（参考：平成23年6月30日「社会保障・番号大綱」17ページ）
①個人に関する情報をみだりに第三者に開示又は公表されない自由を有するものであること
②個人情報を一元的に管理することができる機関又は主体が存在しないこと
③管理・利用等が法令の規定に基づき、正当な行政目的の範囲内で行われるものであること
④システム上、情報が容易に漏えいする具体的な危険がないこと
⑤目的外利用又は秘密の漏えい等は、懲戒処分又は刑罰をもって禁止されていること
⑥第三者機関等の設置により、個人情報の適切な取扱いを担保するための制度的措置が講じられていること

Aさん

　図表6−7は、「最高裁判決の示したハードル」ですね。これはどういうことですか。

Bさん

　住基ネット最高裁判決では合憲判断は出ましたが、手放しで合憲としたわけではありません。
　憲法解釈では、下級審ですが金沢地裁と大阪高裁で違憲判決が出ています。そこで争われたのは主に憲法13条の幸福追求権です。最高裁判決は住基ネットを合憲とする条件として6点の課題を掲げていると解されています。つまり、今後共通番号を制度化する場合の条件（ハードル）を設けたということです。それが図表6−7にあることです。一番大きなハードルは、我が国が採用する共通番号制度は「個人情報を一元的に管理することができる機関または主体が存在しないこと」です。
　世界の番号制度は、大きく分けると分散型と一元型に分かれますが、我が国が採用する共通番号制度は分散型になります（図表6−8参照）。

◆図表6-8　分散型と一元型

個人情報の管理の方法について

✕	・番号制度が導入されることで、各行政期間等が保有している個人情報を特定の機関に集約し、その集約した個人情報を各行政機関が閲覧することができる『一元管理』の方法をとるものではない。
〇	・番号制度が導入されても、従来どおり個人情報は各行政機関等が保有し、他の機関の個人情報が必要となった場合には、番号法別表第二で定められるものに限り、情報提供ネットワークシステムを使用して、情報の照会・提供を行うことができる『分散管理』の方法をとるものである。

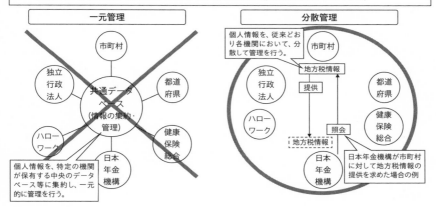

出典：番号法実務研究会「番号法で変わる自治体業務」（ぎょうせい）

Aさん

　　　図表6-8を見ると一元型は大きなホストコンピュータを使って、各種の情報を一元的に管理するため、システム構成が分かりやすく簡易迅速に情報処理できそうな気がしますが。

Bさん

　一元管理のメリットはそこにありますが、それでは共通番号制度に対する国民の懸念、不安は払しょくできません。マイナンバーの導入に至るまでの行程が混迷を深めたのは、一つは共通番号が国家による国民の恣意的監視の手段として使われるのではないかという問題のほかに、いったん共通番号システムの一部から大量の情報が漏えいした場合、流出した情報に紐

づけられた番号を基に検索することによって、年齢や家族構成、職業、資産、趣味、行動履歴などの諸々の情報が引き出されて、一個の人格像が復元構築されるのではないかという懸念があることです。

　こういった事態を回避するためには、異なる機関でこれまでどおり分散管理されたままで情報連携しながら、一機関に情報漏えいがあっても、個人の情報が芋づる式に引き出されるといったことが起こらないようにする必要があります。先進国で採用されている分散管理では、機関ごとに異なる番号が割り振られ、これによって芋づる式に個人の情報が引き出されるといった事態が回避されるといった仕組みが採られており、この仕組みは我が国でも採用されています。我が国では先進国に遅れて共通番号制度を導入しましたが、共通番号制度の安全管理のためには、後から参入する分だけ先進国のすぐれた仕組みを活用できるといった有利な面もあったわけです。

Aさん

　税制調査会の納税者番号制度導入の答申が毎年のように出されていながら実現しなかったのに、マイナンバー制度が出来上がったというのは政治の力であるかのような印象があります。どのような背景があったのでしょうか。

Bさん

　背景として考えられるのは、国民意識の変化ということです。

　共通番号制度に対する国民の懸念、不安が解消されたというわけではなく、むしろ行政庁内部の連携不足から国民が社会保障を十分に享受できていない象徴的な事件が頻発したということがあります。その一つの例を挙げてみますと「年金不正受給事件」があります。

　これは、各地で高齢者所在不明問題をきっかけに浮上した年金不正受給の問題です。高齢者所在不明問題とは、多数の高齢者が戸籍

上では存在していますが、実際には生死又は実居住地などの確認が取れなくなっていることが発覚した社会問題で、年金給付の不正受給（詐欺罪）等の問題が指摘されたものです。

新聞報道によると、平成22年7月足立区で「111歳男性」が自宅室内で白骨化した状態で発見され、司法解剖の結果30年以上前に死亡していることが明らかになりましたが、この男性の遺族共済年金が家族に支給されており、家族が年金の不正受給で逮捕されたというものです。他にも生活保護を巡って保護を辞退した男性が病気のため働くことができずアパートで孤独死していたなどという事件もありました（平成19年7月北九州市おにぎり食べたい餓死事件）。

社会保障分野では、こうした事件などを背景に行政部門間での連携不足が指摘され、客観的で簡易迅速な事務処理が求められるようになったと考えることもできます。

以上で、この章を終えますが、マイナンバー制度は今もなお拡大成長過程にあり、戸籍事務が取り込まれ、登記事務や医療事務に拡大発展することが予定されるなど、我が国のデジタル文化を代表するインフラへと成長を続けています。税務事務に従事する皆さんはその文化の最先端に位置していることを覚えておいてください。

第 7 章

これだけは知っておきたい
地方税重要用語

税務担当課に配属され、税務職員となって最初に感じることは「税金って、なぜこんなに複雑で、用語が難しいのだろうか」という疑問と不安感ではないかと思います。この職場で、これからやっていけるだろうかと心配の気持ちも湧いてきますが、誰しも通って来た同じ道ですので勇気を出して、前を向いて進んでほしいものです。

　最初から分厚い税法を開くのではなく、まず職場の雰囲気を観察し、先輩職員に分からないことは正直に問いかけをすることから始めること、特に税制改正は毎年度行われるので税情報に敏感になることが肝要です。どの職場にも共通することですが、その業務の置かれている状況等を客観的に捉えることが大事であり、その中で自分の役割を認識して、仕事に入っていくことが重要です。

　新任税務職員の動機付けに役立つように地方税の全体像を描きつつ、重要121用語について分かりやすく解説しています。また、関連性ある用語を連鎖状にまとめ、これを順次読んでいくことによって地方税全体の仕組みが分かるように編集しました。最初から読んでいくことを期待します。

▌1　税　金

　「税金を納めた」「税金がかかっている」ということをよく聞くが、これは税務署や役所に納める金額のことであるから正しく言えば税額のことである。住民税を例にすると、収入額から必要な経費等を差し引き、一定の計算方法によって計算して得た金額に10％の税率を乗じて求めた金額が税額である。これを給与所得者の場合には、給与支払者が給与支払いの際に、所得税の源泉徴収と共に住民税額を徴収し、住民税分を市町村の役所に納める。これで「税金を納めた」ということになる。

2 地方税

　税金には、国が課税する国税と地方団体が課税する地方税がある。地方税という用語は、明治11年の地方税規則において初めて登場し、府県税のみであった。市町村税が明記されたのは、それより後の明治21年である。国税、府県税の税額に一定割合を附加して課税する、いわゆる附加税が中心であったが、市町村には税目を設けて課税する特別税の制度もあった。このような歴史を経て、現行の地方税法では、地方税を「道府県税又は市町村税をいう。」と定義している。

3 道府県税

　道府県が賦課徴収する税目を道府県税という。都は特別区があるなど行政組織が異なることから別に規定されているが、多くは道府県税の規定を準用している。

　明治11年に地方税規則ができ、府県税として地租附加税、営業税などの地方税が制定された。地方税は道府県税から始まる。

　今日の道府県税は、事業税、法人県民税など所得課税を中心として構成され、景気の変動に影響されやすい税収構造であることから、平成16年度から事業税に外形標準課税が導入された。

4 市町村税

　市町村が賦課徴収する税目を市町村税という。明治21年市町村制が公布され、市町村に市町村税の課税が認められた。当時の市町村税は国税と府県税に対する附加税が中心となっており、税収も十分ではなく財政基盤の脆弱なものであった。

戦後シャウプ勧告により現行地方税法の枠組みができ、その中で市町村税の改革が大きく、独立税を中心に、所得課税の市町村民税と資産課税としての固定資産税を基幹税として構成され、これにより地方自治の財政的基礎が作られた。

5　地方団体

　地方税法は、道府県又は市町村をもって地方団体とし、課税権を有するものとする。都については、特別区を有する等の特殊な行政組織であるので、課税権については別途規定が設けられている。

　地方税の課税権については、明治11年に府県について、明治22年に市町村について認められているが、現行憲法の下で普通地方公共団体である道府県及び市町村は、当然自主的な課税権の帰属主体とされているものである。

6　地方税法

　地方税の賦課徴収について定めた法律である。現行の地方税法は昭和25年にシャウプ勧告に基づき抜本的な税制度の見直しが行われ、制定されたものである。国税は所得税法や法人税法のようにそれぞれ個別の法律があり、国税に共通する手続等を定める国税通則法や国税徴収法、国税に関する特別措置として租税特別措置法がある。地方税については、税目はもとより地方税に共通する事項は基本的に地方税法一本に収められている。

7　地方税条例主義

　地方税の賦課の直接の根拠は条例であり、課税要件や重要な賦課徴

収手続については条例で定めなければならない。このようなルールを地方税条例主義といい、憲法上の原則である租税法律主義になぞらえて呼ばれている。地方税の主要税目は税源を国税と共通にしていることや課税団体が都道府県、市町村と多いため、その間の調整を図る必要があること等から、地方税の課税要件や賦課徴収の手続などの大枠は地方税法に定められている。

8 税条例の専決処分

　地方税法の改正案の施行日に間に合わせるため、地方団体の長において、議会を招集する暇がないとして地方自治法第179条第1項により税条例を専決処分することがある。会計年度に遅れて税条例を適用することは憲法第84条が禁じる租税法規の遡及適用に当たるのではないか等の疑義があるからである。遡及適用を認めるか否かについては説が分かれているが、遡及適用を前提に議会を招集する地方団体もある。判例は税条例に対する専決処分を有効としている。

9 シャウプ勧告

　戦後の税制は、シャウプ勧告に始まる。コロンビア大学のカール・シャウプ博士を団長とする7名の税制使節団が来日したのは昭和24年5月。一行は、数箇月の調査研究を経て日本の税制全般にわたる「シャウプ使節団日本税制報告書」を発表し、とりわけ重点を置いたのが、地方の自主性を強調した地方税制の確立であった。基礎的自治体である市町村の自主財源を充実するため、所得に課税する住民税及び財産に課税する固定資産税を導入し、今日の市町村税制の基礎を作った。

10　地方税原則

　アダムスミスなどが唱えた簡素・公平・明確などの租税原則に対して、地方税固有の原則を地方税原則という。主なものとして、多くの地方団体に税源が普遍的にあり、収入が十分なものであること（十分・普遍の原則）、地方団体の提供するサービスを享受する関係があること（応益性の原則）、地域住民が何らかの経費負担を分かち合うことにより自治が涵養されるものであること（負担分任の原則）などがある。

11　徴税吏員

　徴税吏員とは、地方団体の長とその委任を受けた地方税を担当する税務職員をいう。徴税吏員の役割は①納税通知書の交付②納税者に対する質問検査③納期限を過ぎた税金の督促や滞納者の財産の差押えなどである。吏員という呼称は、かつては地方公共団体の職員の一部を指していた。いまでは、原則「職員」という用語に替えられ、徴税吏員の呼称は少ない例外となっている。税務職員の職務権限が私人の権利義務に関わるものであることから、一般職地方公務員と区別したものと考えられる。

12　標準税率

　地方団体が課税する場合に通常採用すべき税率として地方税法で定めている税率。災害復旧や、その他の事情により財政需要が増大する場合など、その地方団体の財政上その他の必要があると認める場合においては、標準税率以外の税率を採用できる。標準税率はこのように一定の幅のある税率であるが、地方税によっては幅のない一定税率のみのものもある。前者の例としては個人住民税、固定資産税など、後者の例は軽自動車税、地方消費税などである。

13 制限税率

　標準税率を超える税率を用いて課税する場合の限度としての税率をいう。地方団体は、制限税率を超えた税率を条例に定めることはできない。個人住民税や固定資産税には制限税率があったが、地方分権改革、地域主権改革を推進する観点から、個人市民税については平成10年度税制改正により、固定資産税については平成16年度税制改正により廃止された。

14 超過課税

　標準税率を超える税率を超過税率といい、超過税率で課税することを超過課税という。昭和50年代前後から地方団体の財政需要の急増と低成長経済下の税収鈍化などを背景として、法人住民税、法人事業税などについて東京都、大都市等の多くの地方団体が超過課税を実施してきた。超過課税は、納税者に対して通常以上の負担を求めるものであり、実施にあたっては財政上の必要性について十分納税者の理解を得られるよう説明が必要とされる。

15 基準財政収入額

　総務大臣が地方交付税の額を定める際に、基礎数値として標準税率を用いて地方団体の標準的な収入額として算定される金額。地方交付税は、この額を超える基準財政需要額の差額部分を基準として交付される。このような仕組みから、地方団体が標準税率以下の税率を採用して課税する場合には、地方交付税が減額される結果となるため、地方団体は事実上標準税率を下限として課税せざるを得なくなる。地方団体の課税自主権に対する制約の一つともいわれている。

16 課税自主権

　地方団体が独自に財源調達のため、条例によって課税要件を定め自主的に課税することをいう。この権限を憲法により付与されているとみるか、法律による付与とみるかによって地方税法の役割が異なる。前者は地方税法による地方団体の課税権の制約は合理的な必要最低限のものであることを求めており、後者は、課税自主権をどこまで認めるかは国の立法政策の問題とする。後者にしても地方自治の本旨に照らし、地方団体の課税権の全否定に通じるような制約は立法の限界を超えると見るべきであろう。

17 課税免除

　地方団体の課税権行使の一種で、地方税法総則において公益上その他の事由に因りその地方団体にとって課税することが不適当であると認められる場合には、条例により課税しないことができることを課税免除という。法律上、課税権のない非課税とは異なり、課税することはできるが、地方団体が企業等を誘致するに際して、一定期間、固定資産税を課税免除して政策をスムーズに推進したいと判断して、採用しているケースが多い。

18 不均一課税

　課税免除の規定と同じように地方税法の総則において、地方団体にとって公益上その他の事由に因り必要がある場合、また、特に利益がある事件に関しては、条例の定めるところに因り税負担に差を設ける不均一の課税をすることができることを不均一課税という。公益上その他の事由、受益に因る事由などについては、地方団体にとって社会情勢の変化に伴って変わってくるのでその意義を十分に吟味して対応する必要がある。

19　減　免

　課税免除とともに地方団体の課税権行使の一種であるが、天災その他特別の事情がある場合、貧困に因り生活のため公私の扶助を受ける者その他特別の事情がある場合には、条例の定めるところにより税額を軽減することを減免という。減免の規定は、税目毎に規定されており、それぞれの税目に見合った事由や納税者の担税力等の個別の事情を考慮して、適用する点で課税免除とは異なった趣旨で設けられているものである。

20　権限の委任

　地方団体の長は、その団体の税の賦課徴収に関する一切の権限を持っている。これらの権限を委任する場合は地方税法の定める権限の委任が必要である。地方税法においては、条例の定めるところにより、税務事務所の長や指定都市の区長等に税務に関する権限の一部を委任する場合は条例によらなければならないとしている。地方団体によって行政組織はそれぞれ異なっているが、税務事務所を設置して、その長に権限を委任している指定都市もある。

21　普通徴収

　納税通知書を納税者に交付することによって地方税を徴収することをいう。納税通知書は課税団体が所得や課税物件などを調査し、税額を計算して納税者に通知する書面である。この通知は単なるお知らせではなく、これによって納税者に納税義務を生じさせるものである。

　この方式が採られるものに個人住民税、固定資産税、軽自動車税などがある。

22 納税通知書

　納税義務を発生させるために地方税法が定める事項を記載した文書で地方団体が作成するものをいう。すなわち、①課税の根拠となった法律及びその地方団体の条例の規定②納税者の住所・氏名③課税標準額④税率⑤税額⑥納期⑦各納期の納付額⑧納付の場所⑨納期限までに税金を納付しなかった場合にとられるべき措置⑩賦課に不服があった場合における救済の方法。納税通知書は遅くとも納期限前10日までに納税者に交付する必要がある。これらは納税通知書の効力要件である。

23 特別徴収

　地方団体が地方税の徴収について便宜を有する者に徴収させ、かつその徴収すべき税金を納入させることをいう。このような納入義務を負うものを特別徴収義務者という。納税義務者以外の第三者に税金を徴収させる点では所得税の源泉徴収に似ている。

　特別徴収には、個人住民税のように、給与の支払者に従業者の税金を通知して給与支払いの際に徴収する方法とゴルフ場利用税のように、利用者から一定の税金を徴収して、これを収めてもらう方法の二つの方法がある。

24 申告納付

　申告納付とは、納税者がその納付すべき地方税の課税標準額及び税額を申告し、その申告した税額を納付することをいう。地方税法には、地方税の徴収方法としてこの申告納付のほかに、普通徴収、特別徴収、証紙徴収がある。特別徴収は徴収の便宜を有する者から徴収する方法、普通徴収は納税通知書による徴収方法であり、証紙徴収は地方団体が納税

通知書を交付しないでその発行する証紙をもって地方税を払い込ませる徴収方法である。

25　租税債権の確定

　税額が決まることを租税債権の確定といい、申告納税方式と賦課課税方式の二つの方式がある。申告納税方式は納税者自らが税額を申告することによってその租税債権が確定する。賦課課税方式は、課税団体が納税の告知をすることによって租税債権が確定する。国税の大半は申告納税方式である。地方税は賦課課税方式が多い。このほか、何らの方式を要せず、源泉徴収や予定納税、印紙税などのようにある一定の事実の発生により租税債権が確定するものもある。

26　賦課課税

　課税庁が租税債権を確定させることを賦課課税という。賦課課税の税金には、個人住民税や固定資産税があるが、国や地方団体が自らの責任で課税するものという伝統的な課税方式の一つである。賦課課税の決定のための資料とされるものを賦課資料と呼び、個人住民税の申告書も賦課資料である。課税権の行使を賦課決定といい、誤った課税を訂正する行為もやはり賦課決定と呼ぶ。納税者自らが自分で納める税額を確定する申告納税と基本的に異なるものである。

27　賦課期日

　納税義務者、課税客体などの課税要件を認定する基準となる日を賦課期日という。固定資産税の場合は、売買や贈与等によって固定資産の所有者は常に変わることがある。また、個人住民税の場合は、納税義務者

の住所は転出・転入等により年中異動があり、どこの市町村が課税する
かという課税権の帰属の問題が生じるため、地方税法ではいずれも1月1
日を賦課期日としている。賦課期日は、課税要件にあたる事実を特定の
日で捕捉し、課税上の疑義を取り除くために設けられている概念である。

28　加算金

　法人事業税や事業所税などの申告納税の税金について、誤って過小な
申告をした場合などのルール違反に対して、制度を健全に維持するため
の担保として課す制裁金のことである。地方税法上、加算金には過少申
告加算金、不申告加算金、重加算金の3種類がある。このうち過少申告
加算金がもっとも軽く、重加算金が最も重い（税額の5～40％）。法人
住民税については、法人税の附加税的な税目であることから加算金は設
けられていない。

29　納税義務者

　税法が定める課税要件を備え、納税義務を負うことになる者をいう。
これに対して納税者というのは、税法が定める課税要件を備え、税法の
定めによって税金が確定している者又は具体的に税金を納めることになる
者をいう。納税義務者であっても、非課税に当たる場合には納税義務を
負わない。例えば、生活保護法の生活扶助を受けている個人住民税の納
税義務者や国及び都道府県、市町村、特別区のように人的非課税となる
固定資産税の納税義務者がこれに当たる。

30　卸売販売業者等

　道府県たばこ税、市町村たばこ税の納税義務者のこと。卸売販売業者

のほか、製造たばこの製造者や特定販売業者が含まれる。たばこは、消費税を含め製造から卸、小売の全流通過程を通じて課税されている。たばこの税金は古く、明治9年の煙草税に始まる。その後、昭和29年度から道府県及び市町村たばこ消費税として課税されていたが、昭和63年の消費税の導入の際に、現行の本数を課税標準とするたばこ税に改正された。たばこ本体の税負担の割合は約65%となっている。

31　利用者課税

施設等の利用行為に担税力を見出して税金が課税されることをいう。施設利用に対する課税は昭和63年の消費税の創設時に整理され、平成12年には特別地方消費税（旧娯楽施設利用税）が廃止された。現在、利用者課税が行われているのは道府県税であるゴルフ場利用税と市町村税である入湯税だけである。消費税の取扱い上、その税額に相当する金額を相手方に明らかにし、預り金等の勘定科目で経理するなど明確に区分されている場合には、利用行為は消費税の対象とされない。

32　使用者課税

軽自動車税や自動車税は車両を保有することに担税力を見出して課税されるものであるが、その保有の法的性質によって納税義務者が異なることがある。原則は所有者が納税義務者となるが、使用者が例外的に課税されることがある。割賦販売など所有権留保付の売買で取得した車両を使用するものは、厳密にはまだ所有者ではない。この場合には、現実に使用収益している買主を所有者とみなして使用者に課税が行われる。これは使用者課税と呼ばれる。

33 附加税

　附加税とは、国税など他団体で確定した税額又は課税標準を基に、その一定割合の税率を乗じて税金を課す課税方式をいう。これに対して、独立税は他団体と関係なく直接課税客体に対して課税標準や税率を定め税金を課すものである。戦前までの地方税の主流は、国（市町村では道府県）の税金に対する附加税であり、主体となる独立税がなく、地方の財政基盤は脆弱であったが、シャウプ勧告以降、現行の地方税法のように独立税が中心となった。

34 課税標準

　税額を計算する場合などに、課税の基礎となるのが課税標準である。税率を当てはめる前の金額、価格、数量などをいう。所得税や住民税のように所得の金額を課税標準とすると、税率を乗じる前の金額は課税標準額となる。課税標準にはこのほか、たばこ税のように売渡し本数を課税標準とするもの、固定資産税のように資産の価格を課税標準とするものなどがある。

35 課税客体

　地方税法で用いられる概念で課税要件の一つである。国税では課税物件と呼ばれる。担税力を推定させる一定の物件、行為、事実をいう。個人住民税であれば前年中の所得、固定資産税は土地・家屋及び償却資産を所有しているという事実、法人住民税法人税割のように法人税を納付するという事実をいう。課税客体が帰属する者が納税義務者となり、課税客体を金額・価額・数量に変換すると課税標準となるように課税客体は課税要件の中核をなす概念である。

36　不動産の取得

　不動産取得税や特別土地保有税では土地の権利が売買等により流通する実態に担税力を認め課税されている。かつて不動産バブルが常態化していた時代には不動産の権利が移転したか否かでトラブルが多発し、その争点は、不動産の取得は、不動産に関する完全な所有権の移転か、不動産所有権の移転の事実自体かという取得の意義に関するものが多かった。判例は、所有権移転の形式による不動産の取得のすべての場合を含むとされている。

37　ミニバイクの標識

　軽自動車税が課されるミニバイク等については、直接市町村の窓口で登録を受け、ナンバープレートが交付されている。各市町村の条例により課税対象車両の識別のため車体に取り付けることを義務付けている。他方、軽自動車検査協会や陸運支局で扱っている三輪・四輪の軽自動車等については、道路運送車両法によるいわば道路運行許可証としてのナンバープレートが交付されている。二つのナンバーの取付の意味はそれぞれ異なっている。

38　普通税

　普通税とは、税収の使い途を特定せず一般の行政経費に充てるために課税される税金のことをいう。特定の経費に充てる目的で課税される目的税に対する語でもある。税金は、負担金などとは異なり、一般行政経費に充てるため、普通税によることが原則であるが、財政需要の多様化の進行や特定範囲の者に対する公共サービスの増大など行政需要の増加に伴い受益者負担金的な目的税が注目される。しかし、目的税は一般的

に経費の硬直性を招き、財政運営上の不均衡が生じやすいというマイナス面もあることに留意する必要がある。

39 直接税

　法律上の納税義務者と実際に税を負担する者が同一であるのが直接税、分かれているのが間接税とされ、税負担の転嫁の有無を基準として区分するのが一般的な考え方である。間接税は直接税に比べ徴収が容易であり、執行面で不公平が生じにくいと言われている。直間比率を見ると、国税では消費税の導入により間接税の割合が増えて56対44になっているが、地方税は85対15であり、直接税への依存度が高く、地方税は間接税へのシフトが課題である。

40 法定税目

　税金の種類を税目といい、地方団体が課税できる税目として地方税法に定められているものを法定税目という。法定税目が定められているのは、各地方団体が個別に全く異なる地方税を課すことのないようにすることによって、住民の予測可能性を守ることにある。法定税目の中で地方税法には、地方税を課すべき税目と課すことができる税目の区別がある。後者は任意税目といい、その税目を採用するかどうかは地方団体の任意とされている。

41 担税力

　税金を課税する場合、納税者がその税金を負担することができるかどうかを、まず、第一に考えるものである。特に、新税を創設する場合には、仮に課税する対象は明確になっていても、納税者がその税金を負担する

能力があるかどうかがカギとなるものであり、その負担する能力のことを担税力という。個人や法人の所得、資産の保有、物の消費、資産の取得等の事実に担税力があると認めて、課税するのが税金である。

42 法定外税

地方税法に定める税目を課税することは当然なことであるが、法律に定めのない税目については、それぞれの地方団体が独自に総務大臣に協議し、その同意を得て、税を創設することができることとされている。このように法律の定めのない税目を法定外税といい、法定外税には、法定外普通税と法定外目的税があるが、法律に定められている普通税と目的税と同じようにその使途を特定するかどうかにより区分される。

43 法定外普通税

どこの地方団体でも限られた財源の中でやり繰りして、財政運営を余儀なくされているが、地方団体内の課税されていない税源に対して、新たに課税しようとする場合には総務大臣に協議して、その同意を得て条例で税を創設することができることとされており、その税を法定外普通税という。これまでは、その税収入を必要とする財政需要があることを要件としていたが、地方分権を推進する立場から、平成12年度税制改正によりこの要件は削除された。

44 法定外目的税

特定の目的に充てるために課税する法定の目的税はあるが、地方団体の条例で定める特定の費用に充てるために、創設する税を法定外目的税という。平成12年4月に設けられた。総務大臣の同意を得る等の手続面

は法定外普通税と同じであるが、その税収の使途を明確にして創設することが異なるところであり、これらの点については税導入後においても、引き続き歳出の内容について注視しながら対応する必要がある。

45 実効税率

　税負担が実質的にどのようになっているか、特に他との比較をする時に、単に表面税率を見るだけでは比較は難しい。例えば、法人所得課税について、日本は諸外国と比較してどうなっているかを見る時に、採用している表面税率ではなく、実質負担している税率で比べることが大事である。事業税は、法人税及び事業税の所得計算上損金に算入されるのでこれを調整して税率を求め、比較しているが、この調整後の税率が実効税率である。

46 比例税率

　税金を課税するに際して負担をどの程度求めるかが一番問題とするところであり、税率について、一定割合で求めるか、所得税のように所得の多寡に応じて税率を設定することもあるが、課税標準に対して税額が常に一定割合となる税率を比例税率という。住民税所得割の税率は、平成18年度税制改正により3段階の税率から10％の比例税率になったが、固定資産税、不動産取得税、法人税、消費税など、比例税率の税目は多い。

47 納税義務の承継

　税を課税すると、その課税された者は、納税の義務が確定して、それを他人に譲ったりすること等はできないものである。しかし、相続や法人の合併のように包括的に権利義務が移転する場合には、納税義務もそれ

と一緒に移転する。このことを納税義務の承継といい、相続があった場合には、相続人は被相続人の納税義務を受け継ぐことになるが、被相続人にまだ課税されていない分についても承継することとされている。

48　第二次納税義務

　納税義務者が滞納して、その者の財産について滞納処分をしてもなお徴収すべき額が不足するような場合において、その納税義務者と一定の関係を有している者が納税義務者に代わって、税を納付することを第二次納税義務という。この制度は、税徴収の確保を図るためのものであり、誰にでも負わせられるわけではなく、対象となる者は、無限責任社員、清算人等、同族会社等、法律で厳密に限定されているので注意が必要である。

49　連帯納税義務

　ある課税物件が複数の者に帰属する場合には、その帰属する者全員に納税義務がかかることになる。これを「連帯納税義務」という。夫婦で土地・家屋を共有している場合には、これに係る固定資産税は夫と妻の両方が連帯して納税義務を負うことになり、それぞれの持ち分に応じて義務を負うことになるが、課税する市町村に対しては夫婦双方が税額の全額について納税義務を負うことになる。

50　第三者納付

　税金の納付には、納税義務者本人が行う場合、第二次納税義務者が行う場合、特別徴収義務者による場合があるが、全くの第三者が納税者又は特別徴収義務者のために、納付、納入することができることとされて

おり、これを第三者納付という。税の場合には、毎年度反復大量に行われるために、民法に定めるような条件のようなものはなく、いかなる第三者でも納税者の納付すべき税金を納付することができるものである。

51 人格のない社団等の納税義務

　税金は、個人又は法人に対して課税されるが、法人ではない社団又は財団で代表者又は管理人の定めがあるものについては、法人とみなして法人と同じように税法の適用を受けて税金の納税義務を負う。これを「人格のない社団等の納税義務」という。この取扱いは、その団体の規約等により代表者、管理人の定めがあるもののほか、業務に関して契約、金銭の収受、物品の管理等を主宰する者がいる場合についても適用される。

52 納税の告知

　地方税は、賦課課税方式に因る課税が主流を占めているので地方税法の総則に納付又は納入の告知等について規定されており、地方税、督促手数料、延滞金、過少申告加算金、不申告加算金、重加算金の徴収金を徴収しようとするときは、文書により納付納入の告知をしなければならないこととされている。これが「納税の告知」であり、納付納入の金額、その期限、納付場所等、必要な事項を記載することが義務付けられている。

53 書類の送達

　税金を徴収するための納税通知書や督促状などの書類や納め過ぎた場合に税金還付するために通知する書類は、納税者の手元に届くことによって効力が発生するものである。その書類の送り方等は、郵便もしくは信書便による送達又は直接手渡す交付送達によると定められており、この方法

により、納税者の住所、居所、事務所、事業所に送達することを「書類の送達」という。また、納税管理人がいる時は、その住所等に送達する。

54　公示送達

送達すべき書類について、送達すべき者の住所等が不明である場合や外国における送達が困難と認められるような場合には、郵便による送達又は交付送達ができないのでこれらの送達に代えて、送達すべき書類を保管し、その者にいつでも書類を交付する旨を役所の掲示板に掲示して行うことを公示送達という。この掲示を始めた日から起算して7日を経過した時は、書類の送達があったものとみなすこととされている。

55　賦課決定、更正、決定

税金を課税する場合、住民税や固定資産税のように課税する側の市町村の方で所得や土地家屋等を調査して、税額を決定し、納税通知書を送達して課税することを「賦課決定」という。一方、申告納税の場合、納税者からの申告による税額が間違っていた場合には、訂正する必要が生じるが、これを正しく訂正することを「更正」といい、また納税者から申告がないため、課税する側で税額を決めて課税することを「決定」という。

56　期間制限

税金を課税する権限は、いつまで行使できるか、予めその課税できる権限の存続期間が定められており、これを期間制限という。賦課決定は、法定納期限の翌日から起算して3年を経過した日以後においては、することはできない。また、更正又は決定、さらに固定資産税や不動産取得税や課税標準及び税額を減少させる賦課決定については、法定納期限

の翌日から起算して5年を経過した日以後はすることができない。

57　法定納期限

　地方税の納付に際して、一定の期間を定めていることを納期といい、その納期の末日を納期限という。個人住民税の納期について、地方税法では6月、8月、10月及び翌年の1月の4期に分けているが、このうち第1期の6月の末日を法定納期限といい、本来の納期限とされている。この法定納期限は、税額の更正、決定する時の期間制限や時効の始期の計算の基礎となることに注意したい。

58　法定納期限等

　法定納期限と類似する用語に法定納期限等がある。税金を徴収する権利と借金の返還請求権のような私債権との間で、どちらが早いか競争になる場合があり、その時の決め手となるのが、法定納期限等である。滞納者の不動産を公売して現金化した時、その不動産に設定されていた抵当権の方が法定納期限等より早く設定されていた場合には、その換価代金は滞納税額に充てるのではなく、私債権の弁済に充てられることになる。

59　更正の請求

　申告納付又は申告納入の地方税について、申告書を提出した者は、その申告書に記載した課税標準額等又は税額等の計算が地方税法の規定に従っていなかったこと又はその計算に誤りがあったこと等により税額が過大であった場合や申告書に記載した欠損金額等が過少であった場合及び申告書に記載した還付金の額が過少であった場合等においては、法定納期限から5年以内に限り、訂正するように請求することを更正の請求という。

60　地方税の消滅時効

　一般的に、時効は一定の事実関係が長期にわたって継続した場合には、その事実関係を権利関係として認めることをいう。一方税金の場合、国税、地方税ともに徴収金を徴収する権利は、法定納期限の翌日から5年間行使しないと、時効により消滅するものである。税金の消滅時効は、納税義務者の援用・放棄を要しない絶対的消滅時効とされている。通常の社会生活の中でも時効についていわれることであるが、税の徴収は5年間何もしないで放置しておくと、時効により消滅することである。

61　督　促

　納期限までに税を納付されない場合には納期限後20日以内に、督促状を発送し、納税を督促しなければならない。督促は、納税の請求をすることの効果のほか、租税債権の時効を中断する効果がある。また、督促は、差押えを行う場合の前提条件となっており、督促状を発送した日から起算して10日を経過した日までに、納税がされない場合には滞納者の財産を差し押さえなければならないとされている。

62　滞納処分

　納期限までに税が納付されない場合に、督促を行い、納税者の財産から強制的に徴収することを滞納処分という。滞納処分は、財産の差押え、交付要求、差押財産の換価及び配当といった一連の手続からなる。地方税の滞納処分については、同法に定めのある事項のほか、国税に関する滞納処分の手続を定めた「国税徴収法の滞納処分の例」によることとされている。

63 滞納処分の執行停止

　税金の滞納があると、滞納者の財産状況や生活状態等を調査して徴収のためにいろいろ折衝等を行って作業が進められる。その滞納者について、全く財産がない時や滞納処分をするとその生活を著しく窮迫させる恐れがある場合、さらに滞納者が所在も財産もともに不明である時には、法律上滞納処分の執行を停止することができることを滞納処分の執行停止という。執行停止した時は、滞納者に通知しなければならない。

64 不納欠損

　滞納処分の執行停止の処分をしてから3年を経過したもの又は時効により納税義務が消滅した時や執行停止して職権により直ちに納税義務を消滅した時には、その滞納税額を調定から差し引くことになる、この処理を「不納欠損」という。不納欠損は、会計上の内部処理であるため、不納欠損処理が行われていない場合であっても、既に納税義務が消滅した税金は徴収することができない。

65 過誤納金

　税金は、その納付額が課税額を超えて納め過ぎた場合には、その超える部分の納付額を還付しなければならない。申告した額や課税した額が誤って過大になっていたために修正されて納め過ぎになったものを「過納金」といい、申告あるいは課税した額が全くないのに金銭が納付された場合を「誤納金」という。このように申告額や課税した額が超過して納付された場合には、その超えた部分の金額を「過誤納金」という。

66　過誤納金の還付・充当

　納め過ぎた税金、いわゆる過誤納金は、還付しなければならないが、還付する場合において、その還付を受けるべき者について納付又は納入すべき徴収金がある場合には、過誤納金をその徴収金に充てなければならないこととされている。このことを「充当」という。この場合、その徴収金のうちに延滞金が付いている時には、その過誤納金は延滞金の計算の基礎となった税金の方に先に充当しなければならないこととされている。

67　還付加算金

　過誤納金を還付する場合には、社会通念上行われている金銭の扱いのようにその納め過ぎた金額に係る利子相当分を加算して還付することになるが、これを還付加算金という。還付加算金は、加算の対象となる期間が定められており、その期間の初めから終わりまで日数に応じて、過誤納金の額に、原則として年7.3％の割合で加算される。この日数の計算は、過誤納金の発生理由により法律に定められているので注意する必要がある。

68　徴収猶予

　税金を納期限までに納付しない場合には、滞納者の財産を差し押さえて、その財産の公売等を行って、強制的に納付してもらうことができる。納税者の個々の実態をよく観察すると、真に納税することが困難な状況があるため、今は納付することはできないが、暫く納税することに猶予を与えて、資力の回復を待つ方が徴収するためには有効な場合がある。このように一定期間納付することを強制しないことを徴収猶予という。

69　換価猶予

　個々の納税者の実態によって、一定期間納付の強制をしない方法とし
て徴収猶予のほか、換価猶予もある。滞納処分で差し押さえた財産を公
売して金銭に代えることを換価というが、この換価する処分を猶予するこ
とを換価猶予という。徴収猶予は、納税者の申請によって行うが、換価
猶予は、地方団体の権限で行うことができる。滞納者が納税に誠意を
持っていることを前提に、換価すると生活や事業が維持できない場合に行
うものである。

70　徴収の嘱託

　税金は、課税した地方団体が自ら徴収することが基本であるが、地方
税法では、納付納入すべき納税者がその地方団体の区域外に住所、居
所、事務所等を有していること又は区域外に財産を有する場合には、その
区域外の地方団体に税の徴収を依頼する制度があり、これを徴収の嘱託
という。この制度は、実際には活用されていない面もあるが、徴収確保
のために苦慮している状況から、この長所を活かしていくことも必要である。

71　出張徴収

　税金を課税しても、納付納入がなければ収入にならないので徴収確保
のために、税務職員はいろいろな対策を講じながら徴収努力をしている。
地方団体の区域外に滞納者がいる場合には、納付されにくい面もある
が、税負担公平の観点から、税務職員がその滞納者の自宅や事務所に
直接出向いて行って、その場で税を徴収することを出張徴収という。この
場合には、事前に滞納者の状況を調べる等、十分な準備をして実施する
ことが重要である。

72 納税証明書

　税金を納付納入したことを証する書類が納税証明書であるが、地方税法ではこれを交付しなければならない旨規定されている。納税証明書は、法律に規定する質権や抵当権の設定等、いわゆる担保権の設定を目的に使用されるものと、その他の目的に使用されるものとに分けられる。その他の目的に使用されるのは各種の公的給付の受給、入札者の登録、資金の貸し付けを受けるための金融機関への提出等がある。

73 官公署等への協力要請

　地方団体が税金を賦課徴収するに際して、納税者や特別徴収義務者等の協力の下に、国税、地方税の課税団体相互間の協力関係は、もとより当然のことであるが、適正な賦課徴収のための調査に必要な関係書類や資料等の閲覧・提供について、書類等を所持する官公署等に対して、「協力要請」することができることを地方税法で規定している。

　税金を課す権限の行使にあたって、幅広く、関係官公署に協力を求めることとされている。

74 税務情報

　税務事務の中身をよく見ると、納税者の所得や財産の状況等、ほとんどが他人に知られたくない秘密情報であり、税を賦課徴収するために必要な情報は税務情報である。納税者は適正な課税・徴収が行われるために税務当局に申告等の義務が課され、これを扱う税務職員は他の公務員より重い罰則規定が設けられており、税務情報は不開示が原則である。これにより納税者との信頼関係が成り立って適正な賦課徴収ができるものである。

75 守秘義務

　税務情報は、税を賦課徴収するために必要な情報であり、これは納税者と課税当局だけが知り得る情報である。納税者は、税務当局に対して適正課税のために所得、財産等の情報の申告義務等を負い、税務職員はこれを賦課徴収のための情報として、他に漏らさないように秘密を守ることを守秘義務という。秘密を漏らした場合の罰則規定は、地方公務員法よりも重く定められており、それだけ納税者の秘密を守る義務は重い。

76 質問検査権

　徴税吏員は、税の賦課徴収に関する所得・資産等の調査や滞納処分のために財産を調査する必要がある場合においては、納税者や滞納者等に対して、質問し、関係の物件を検査する権限が認められている。

　質問検査の権限は、任意調査と解されており、質問検査に対する拒否や妨害については、罰則が設けられていることにより、その実効性が担保されている。なお、平成25年から質問検査権に物件の提出を求め、留置することができる権限が追加された。

77 前年所得課税主義

　所得課税は、所得の発生と徴収が近いことが望ましいが、住民税は、毎年1月1日の住所地の市町村で課税するという点などから、前年の所得に対して課税する方式をとっており、これを前年所得課税主義という。これに対して、退職所得の住民税については、一度に高額で支給され、徴収も難しいことなどから、所得税と同様に退職所得の支給時に課税する「現年分離課税」が昭和42年から採用されている。

78 所 得

　通常、働いた見返りに収入を得るが、それに対して税法では、その稼いで得た収入金額から必要経費を控除して計算することにしており、収入金額から必要経費を控除した後の金額を「所得」という。法人の所得の計算も基本的には同様である。個人の所得は、稼得した種類によって利子所得、配当所得、不動産所得、事業所得、給与所得、退職所得、山林所得、譲渡所得、一時所得、雑所得の10種類に分類されている。

79 公的年金等控除額

　所得は、通常収入金額から必要経費を控除して求めるが、公的年金等に係る所得の計算については、必要経費に代わるものとして、控除するのが「公的年金等控除額」である。給与所得について収入金額から給与所得控除額を控除して所得を求める方法と同じように年金受給額に応じて一定の計算式により求めることとされているが、特に、受給者の年齢65歳以上と65歳未満では、適用する計算式が異なっているので注意する必要がある。

80 合計所得金額

　均等割、障害者の非課税や扶養控除等の適用の基準となる所得金額を「合計所得金額」という。純損失又は雑損失の繰越控除前の総所得金額、土地等の譲渡の事業所得等の金額、土地建物の譲渡所得の金額、株式等の譲渡所得等の金額、山林所得の金額、退職所得の金額の合計額をいう（法292①）。合計所得金額から純損失、雑損失の繰越控除をした後の金額を「総所得金額等」と略称している。

81　個人住民税均等割

　個人住民税の均等割は、住民が地方団体から等しく行政サービスを受けるという受益関係に着目して、そのために要する経費の一部を住民に広く負担を求め、その税負担を通じて地方団体の行政に参画する、いわゆる負担分任という住民税の性格を最も表している税である。税率は従前人口段階に応じて区分されていたが、市町村の行政サービスは人口規模による格差がなくなってきていることなどから、平成16年度から一律の税率とされた。

82　個人住民税所得割

　個人住民税の所得割は、所得税と同じく所得を基準として課税するものであり、各種所得の計算方法は所得税と同一とされている。所得税の有する所得再分配機能より負担分任という地方税の性格を考慮し、課税所得の範囲や所得控除については、所得税と異なるよう定めている。平成19年度の所得税から個人住民税への税源移譲において、個人住民税の応益性等の観点から、10％の比例税率となった。

83　課税最低限

　所得税や個人住民税において、所得額が一定以下の者について、課税されない目安となる金額を「課税最低限」という。具体的には、給与所得者の課税最低限は、収入から給与所得控除を差し引き、基礎控除、配偶者控除、扶養控除等の人的控除を差し引き、さらに社会保険料控除を差し引いた額が０となる額である。住民税の課税最低限は、所得控除の額が所得税より低く定められているため、所得税の課税最低限より低くなっている。

84　外国税額控除

　所得割の納税義務者が外国に源泉がある所得について、外国の法令によって所得税や住民税に相当する税（外国税）が課税されたとき、国際間の二重課税を調整するため、外国税額の一定額を所得税、住民税から控除すること。控除の方法は、初めに所得税で外国税額控除を行い、所得税で控除しきれないときは、道府県民税額から控除し、さらに控除しきれない額があるときは、市町村民税額から一定額を限度として控除する。

85　ふるさと寄附金

　従来、個人住民税において所得控除の対象とされていた寄附金（住所地の都道府県共同募金会・日本赤十字社支部に対する寄附金、都道府県・市区町村に対する寄附金、都道府県・市区町村が条例で指定する寄附金）については、平成21年度から税額控除が適用されることとなった。このうち都道府県・市区町村に対する寄附金は「ふるさと寄附金」と呼ばれ、一般の寄附金に加えて特例控除額（2,000円を超える部分の90％を限度として定める一定割合）が加算される。

86　住民税申告

　市町村内に住所を有する個人は、次の者を除き、個人住民税の申告をしなければならないとされている。①給与支払報告書、公的年金等支払報告書が提出されている一定の者②所得税確定申告書が提出されている者③市町村の条例で申告義務を免除された者。

　住民税は賦課課税であるため所得税の確定申告と異なり、その申告書はあくまでも課税資料としての性格に留まり、住民税額の決定はこれを基礎として市町村長が行うものである。

87　所得控除

　所得税や住民税のように所得にかかる税については、社会生活を営む
うえで必要な生活費のほか、国民健康保険、国民年金等の通常必要とな
る費用や支払った医療費等を、概算で所得から控除することが認められ
ている。これを所得控除という。扶養している配偶者や子供の数等の納
税者の個人的事情が所得控除の金額に影響するが、控除する額は支出し
た実額ではなく、あくまでも税法に規定された金額を控除するものである。

88　同一生計配偶者

　納税義務者の配偶者でその納税義務者と生計を一にする者のうち前年
の合計所得金額が48万円以下の者をいうこととされている。
　「生計を一にする」とは、必ずしも同一の家屋に起居していることをい
うものではなく、日常生活における収入及び支出を共同に計算して、消
費段階において同一の財布を使って生活していることをいうとされている。

89　控除対象配偶者

　同一生計配偶者のうち、前年の合計所得金額が1,000万円以下である
納税義務者の配偶者をいうこととされている。
　この控除対象配偶者については、配偶者の所得ではなく、同一生計配
偶者を有する納税義務者について前年の合計所得金額の多寡によって配
偶者控除額に差異が生じることとされている。

90　総合課税

　所得税、個人住民税について、原則として各種の所得を合算し、それ

に税率を適用して税額を計算し、課税することを総合課税という。個人の総合的な所得の大きさに応じて税負担を求めるという所得課税の趣旨に合致した税制度とされている。これに対して、所得の性格や経済政策、徴収上の便宜等を考慮して、一定の所得については、他の所得と分離して課税する制度として、分離課税の取扱いが行われている。

91 分離課税

所得税、個人住民税について、一定の所得について、他の所得と合算せず、分離して課税することを分離課税という。分離課税の例として、山林所得及び退職所得については、その所得の性格から累進税率の緩和の必要があるものとして分離課税とされており、利子所得や配当所得の源泉分離課税、土地建物等の譲渡による譲渡所得、株式等の譲渡所得の分離課税等は経済政策などの観点から導入されたものとされている。

92 利子割

従来、大部分が課税対象となっていなかった住民税の利子所得について、昭和63年4月から、所得税15％、個人住民税5％合わせて一律20％の分離課税制度が導入された。住民税については、道府県が「道府県民税利子割」として特別徴収により課税することとし、市町村には、徴税費（1％）控除後の徴収額について、道府県民税と市町村民税の所得割の比率により按分した5分の3の額が交付されている。

93 配当割

従来、総合課税の例外や住民税が一部非課税とされるなどの問題があった配当所得について、一定の上場株式等の配当所得については、平

成16年1月から、原則として、所得税15％の源泉徴収、個人住民税5％の特別徴収による制度が導入された。道府県が「道府県民税配当割」として特別徴収し、市町村には、徴税費（1％）控除後の徴収額について、道府県民税と市町村民税の所得割の比率により按分した5分の3の額が交付されている。

94 特定株式等譲渡所得金額

　源泉徴収を選択した特定口座（源泉徴収選択口座）内の上場株式等の特定株式等譲渡所得金額については、平成16年1月から原則として、所得税15％、個人住民税5％で課税することとされた。住民税については、証券会社が「道府県民税株式等譲渡所得割」として、翌年一括して道府県に納入され、市町村には、徴税費（1％）控除後の徴収額について、道府県民税と市町村民税の所得割の比率により按分した5分の3の額が交付されている。

95 住宅借入金等特別税額控除

　平成21年度税制改正において、住宅投資の活性化等の点から、所得税の住宅借入金等特別控除制度について、所得税における最大控除可能額を過去最大規模に引き上げるとともに、中低所得者層の実効的な負担軽減となるよう、所得税の特別税額控除可能額のうち所得税において控除しきれなかった額又は所得税の課税所得金額の5％を乗じて得た額のいずれか小さい額を個人住民税で税額控除することとされた。

96 法人税割

　法人住民税は、均等割と所得に応じて課される法人税割が課される

が、法人税割は法人税額を課税標準として課される。2以上の市町村に事務所・事業所を有する法人については、それぞれの市町村に住民税の申告をしなければならないが、申告納付すべき法人税割額は、課税標準となる法人税額を関係市町村ごとの事務所・事業所について、当該法人税額の課税標準の算定期間の末日現在の従業員の数に按分して行うこととされている。

97 事務所・家屋敷課税

市町村内に事務所、事業所又は家屋敷（自己又は家族の居住の目的で、住所地以外の場所に設けられた住宅でいつでも自由に居住できる状態であるもの）を有する個人で当該市町村内に住所を有しない者に対して、住民税の均等割が課税されることをいう。一定の住居等を設けている場合、当該市町村から各種の行政サービスを受けていることから、住民登録がなく、他市町村で住民税が課税されていても、均等割の負担を求めるものである。

98 移転価格税制

国内の会社と海外の子会社等との間で、取引価格を操作すること等により所得の帰属や配分を海外に移転することに対処するため、課税所得を再算定し、関係国間の協議により適正な国際課税の実現を図ろうとする制度である。この協議により法人税額の減額更正が過去数事業年度に行われ、法人住民税等について多額の還付が行われる場合には、地方団体の財政運営に大きな影響が生じた。平成6年度において、この減額更正による還付について地方団体の負担緩和を図る繰越控除制度が創設された。

99 登記簿課税

　固定資産税は固定資産の所有者に課することとし、この所有者とは、土地又は家屋については、登記簿又は土地補充課税台帳若しくは家屋補充課税台帳に所有者として登記又は登録されている者をいう。固定資産課税台帳には固定資産の所有者が登録されているが、所有者である納税義務者については、未登記等を除き、賦課期日現在の登記簿に登記されている登記名義人を納税義務者とするものである。

100　価　格

　価格は、一般的には物の価値を金銭の単位で表現したものであるが、税法では、固定資産税を例にすると、「価格」とは土地や家屋等の適正な時価をいうこととされている。この適正な時価とは、正常な条件の下における取引価格をいい、資産自体の本来の価値を適正に反映した正常な取引価格をいうものである。固定資産評価基準に定められている評価方法によって求めた価格が適正な時価であるとされている。

101　固定資産評価基準

　固定資産税における土地、家屋、償却資産の評価について、その評価の基準並びに評価の実施の方法及び手続を定めたものをいう。地方税法は、総務大臣は固定資産評価基準を定め、告示しなければならないとされている。同基準は固定資産の評価の客観視、公平性を確保するための全国一律の基準とされており、市町村長は同基準によって価格を決定しなければならない法的拘束力を有しているものとされている。

102　人的非課税

　国、地方公共団体が所有する資産に対しては、それがどのような性格を有するものであるか、どのような用途に供されているものであるかを問わず、すべて固定資産税を課することができないとされている非課税措置をいう。これは、国、地方公共団体の公的な性格や、国、地方公共団体の相互非課税の観点に基づくものとされている。これに対して、固定資産それ自体の性格、用途に着目して非課税とするものを用途非課税と呼んでいる。

103　課税明細書

　従来、固定資産税の納税通知書には土地や家屋の資産の明細（所在、地番、地目、家屋番号、地積等）を表示した内訳書の送付がされていなかったが、土地及び家屋の課税内容を納税者自身がチェックできる課税明細書の送付が平成15年度から法制化された。この課税明細書の送付（法制化前も含む）により課税誤りが判明し、時効等により還付不能となる過誤納金が生じた市町村において、返還要綱の制定により還付した例もある。

104　固定資産評価審査委員会

　固定資産課税台帳に登録された価格に関する不服を審査決定するために、市町村に固定資産評価審査委員会を設置することとされている。委員は住民、納税者、学識経験者から議会の同意を得て、市町村長が選任する。固定資産の価格に対する不服について、課税処分前から一定期間まで申出の機会を設け、市町村長とは別個の独立した合議制の機関で審査決定することにより、適正・公平な価格の決定を保障することとした

ものである。

105　登記済通知書

　登記所は、土地又は建物について表示の登記や所有権等の登記をした時は、10日以内に市町村長に通知しなければならないとされており、この通知書を登記済通知書という。この通知書に基づき市町村長は、土地、家屋の表示（所在、地番、地目、家屋番号、地積、床面積等）や所有権、質権等の異動等を固定資産課税台帳に登録しなければならないとされ、固定資産税の課税にあたっての基本的な資料となっている。

106　台帳閲覧

　固定資産税の評価・課税の透明性を図るため、平成15年度から固定資産課税台帳の閲覧制度が法制化された。従来、納税義務者等に限定されていた閲覧の対象者を借地人・借家人その他の使用又は収益を目的とする権利を有する者、固定資産の処分をする権利を有する者について、関係部分を閲覧できることとした。これらの者から固定資産課税台帳の記載事項について証明の請求があった場合は、証明書を交付しなければならないとされた。

107　名寄帳

　名寄帳とは同一の所有者が所有する土地又は家屋を所有者ごとにまとめて記載した帳簿のことである。市町村は、固定資産課税台帳に基づき、土地名寄帳及び家屋名寄帳を備えなければならないとされている。納税義務者ごとの課税標準の算定や免税点の判定など固定資産税の課税事務上必要なものである。なお、納税義務者の固定資産課税台帳の

閲覧は、名寄帳の閲覧の方法によることができることとされている。

108　縦　　覧

　固定資産税課税台帳に登録された土地や家屋の納税者が、当該台帳に登録された価格と他の土地や家屋とを比較することができるようにするため、固定資産税に係る価格等を記載した土地価格等縦覧帳簿及び家屋価格等縦覧帳簿を、毎年4月1日から第1期の納期限までの期間、納税者の縦覧に供することとされている。この縦覧を通して、納税者に固定資産税の課税の基礎となる評価に対する不服申立ての機会が設けられている。

109　外形標準課税

　従来、法人事業税は所得を課税標準としていたため、事業活動の規模が適切に反映されず、景気変動による税収への影響も大きい状況にあった。このため、平成16年4月から、資本金1億円超の法人を対象に資本金や付加価値などを対象とした外形標準課税が導入された。東京都は外形標準課税の導入にさきがけて、平成12年に銀行の業務粗利益を基準に銀行税を課税したが、違法とされ、最高裁で和解が成立した。

110　地方消費税

　平成9年4月1日から導入された地方消費税は、国内で行われる資産の譲渡や役務の提供など国内取引と外国貨物の引取りに対して課税し、消費税と併せて国が収納する。地方消費税の税率は、消費税額の78分の22であり、消費が実際に行われた最終消費地の道府県の税収となるように、消費に関連した統計数値に基づいて、道府県間の清算が行われる。また、清算を行ったあと、その額の2分の1は都道府県内の各市町村に交

付される。

111　欠損金の繰越控除制度

　法人の当該年度前の事業年度において損金に算入されなかった欠損金
がある場合に、その欠損金の相当金額を当該事業年度の所得の金額を
限度として、損金の額に算入する制度である。この繰越欠損金は当該事
業年度においては、控除された額に相当する利益があるものとして、神
奈川県臨時特例企業税が法定外普通税として課税されたが、最高裁判決
（平成25年3月21日）により地方税法に定める欠損金の繰越控除制度に
反し、違法・無効とされた。

112　共同徴収

　国民健康保険料（税）の滞納が地方税の滞納よりも増加し、住宅使用
料や水道料金、中小企業への貸付金の滞納など、地方団体の各種債権
の未収金の回収が課題となっている。
　このため、滞納整理に習熟していないこれらの債権を一括して管理し、
地方税の滞納整理のノウハウを活かしてその整理促進を図る試みが、平
成13年頃から地方団体で進められている。共同徴収の方法としては、一
部事務組合等への移管や担当課間の協力体制による方法、さらに府県と
市町村が共同して行う方法等があるが、それぞれの実態に見合った対応
をすることが必要である。

113　地方税犯則事件調査

　地方税に関する犯則事件は、税の賦課徴収・納付に直接関連する犯罪
をいうものであり、その犯罪の嫌疑がある場合を地方税犯則事件といい、

その事件を解明するために行う調査を「地方税犯則事件調査」という。調査については、地方団体の長がその犯則事件の職務を定めて指定する徴税吏員が行う。地方税制では、全ての税目を犯則事件調査の対象とし、総則に地方税犯則事件調査について規定が直接設けられている。

114　審査請求

　地方税を賦課徴収するために、賦課決定、更正、決定などの課税処分や督促、滞納処分等を行うが、納税者はこれらの処分に対して不服がある場合に行政不服審査法の規定に基づき審査請求をすることができる。これは、納税者の権利を救済する手続であるとともに、課税する側にとって自らの業務を点検し、反省する機会を持つ目的もある。審査請求は、課税処分等の処分を行った地方団体の長に対して行うものである。

115　都等の特例

　東京都は特別区が敷かれており、行政組織の面では道府県とは異なる自治体であるため、道府県が課税する税目以外に市町村税である固定資産税等について都を市とみなして課するものとする「特例」が設けられている。指定都市の区についても、個人及び法人住民税、固定資産税、さらに事業所税についても市の区域は一の市の区域とみなして、区域単位で課税する特例が設けられている。

116　税制調査会

　租税に関する制度を調査するため学者など税制の専門家で構成する税制調査会が政府に設置されている。これと同じように政党にも税制調査会があり、これを「政府税調」と「党税調」に区別して呼ばれる。政

府税調は、昭和34年以来、我が国税制の長期的な方向づけと併せて各年度の税制改正について答申を行ってきたが、民主党政権時代に国会議員を構成員とする税制調査会に一本化された。平成24年に自民党政権に戻ってから、改めて従来のような税制調査会令が平成25年2月に発足し、政府税調が復活した。

117 税制抜本改革

税制度の仕組みを根本的に改変することであるが、代表的な例として、昭和62年10月の消費税（税率3％）の創設（平成元年4月から実施）、平成6年の消費税の税率の引上げ及び地方消費税の創設（5％の税率で平成9年4月から実施）。平成24年8月の消費税率の引上げ（平成26年4月と平成27年10月から、それぞれ税率8％、税率10％の二段階による消費税率の引上げ）がある。国民生活に大きな影響が見込まれ、国政の重要課題である。

118 税源移譲

平成18年度税制改正において、国・地方の三位一体改革の一環として、補助金改革等とあわせ、所得税法及び地方税法の改正による恒久措置により、所得税から個人住民税へ本格的な税源移譲（3兆円）を行うこととされ、その実施にあたっては、個々の納税者における税負担の変動を極力小さくすることに十分留意し、個人住民税については、応益性や偏在度縮小の観点から、所得割の税率を10％の比例税率とされた。

119 国税連携

所得税の確定申告書等を電子的に地方団体へ送付する仕組みをいう。

平成23年度の当初課税から実施され、国税と住民税の共通の情報である所得税データについては、従来税務署から提供された紙媒体を基に、地方団体で複写、データ化してその年度の賦課資料としていた。その資料引渡しの際のタイムラグやコストを回避するため、地方税ポータルシステムを利用して早期のデータによる引渡しが実現した。

120　マイナンバー

マイナンバーは、住民票を有するすべての住民に指定される12桁の番号である。社会保障、税、災害対策の3分野で分野横断的な共通の番号を導入することにより、国や地方公共団体などの間での情報のやり取りについて、個人情報の特定・確認を確実かつ迅速にできるようにすることで、行政の効率化、国民の利便性の向上及び公平・公正な社会を実現するため導入された。2013年5月制定、2016年1月施行。

121　eLTAX（エルタックス）

地方税ポータルシステムのことで、eLTAX（エルタックス）と略称されている。インターネットを利用して、地方税の申告、申請、納税などの手続を電子的な一つの窓口から行うもの。このシステムの運営主体は、地方公共団体を構成員として設立された一般社団法人地方税電子化協議会であり、平成17年1月からサービスが開始されている。取扱業務は、個人・法人住民税、事業税、固定資産税、事業所税などの電子申告、電子納税などである。

Column　税務事務のデジタル化

　新しく税務職員となって気づくことは、インターネット等の高度情報通信ネットワークを通じて多くの情報が流通しているデジタル化した社会状況にあるということである。このような状況の中で、税務職員は、e-Taxやe-LTAXからも分かるように税の申告、申請、納税等の手続についてデジタル化して事務が日々進行していることを踏まえながら税務事務を担当しているといっても過言ではない。

　ここで、国税庁の「税務行政のデジタル・トランスフォーメーション−税務行政の将来像2.0」（令和3年6月）を見ると、国税の申告や納付についてはデジタルを活用すれば、より簡単に、より便利にできるようになること、さらに税務署や国税局の業務についてもより効果的に、より高度に行うことが可能となり、デジタルの利点を最大限に生かして税務行政を進めていくことが重要であると指摘している。

　地方行政においても、令和2年12月に「自治体デジタル・トランスフォーメーション（DX）推進計画」が策定され、その重点取組事項として、自治体の情報システムの標準化・共通化や行政手続のオンライン化等が示されている。

　それでは、よくいわれるデジタル社会とはどのような社会をいうのだろうか。これについては、デジタル社会形成基本法において規定されており、インターネットその他の高度情報通信ネットワークを通じて自由かつ安全に多様な情報又は知識を世界的な規模で入手し、共有し、又は発信するとともに、大量の情報の処理を可能とする情報通信技術を用いて電磁的記録として記録された情報を適正かつ効果的に活用することより、あらゆる分野における創造的かつ活力ある発展が可能となる社会をいうこととされている（同法2条）。

　この電磁的記録という用語は、国税及び地方税の税法の中でも規定されており、いわゆる情報通信技術を用いて記録された情報のことである。これらの電子情報を基に賦課徴収に係る各種の手続が行われていることなどの点から見ても、世の中はデジタル化が広く進行していることがわかる。このような社会状況を認識して、税務職員は日常業務に取り組んでいくことが大事である。

第 8 章

税法を読んでみよう

Ⅰ　法律、政令、省令、通達、行政実例

　税務では法律や命令などたくさんの法令に従って仕事をしており、これらの法令は仕事を進めるための大事な道具です。ここではこの道具の種類や仕組みについて基礎知識を学んでください。まずは、税務に関係する法令の種類とそれぞれの関係から見ていきましょう。

　憲法や法律・政令といった国の法令は、その効力からいって上下の関係にあり、ピラミッド型に構成されています。ピラミッドの頂点にあるのは憲法です。憲法というのは、国の法令で最高の位置にあるルール（規範）です。そしてその下位にあるのが法律です。法律は憲法によって権限を与えられます（授権）。これによって、法律は効力を持つことになります。このことは、法律は憲法に違反してはいけない、違反した法律は効力をもたないことを意味しています。法律と政令、政令と省令もそれぞれみな同じような関係になります。

　地方税法を例に、ピラミッドを描くと図表8－1のようになります。通知や内かんは規範であるとまではいえないとしても多くの通知や内かんが末端にあって、規範と一体となって法令ピラミッドを支え、現実の税実務を補足し、指導する役割を果たしていることを理解することが大切です。税務の仕事をするうえで、ピラミッドの頂点から末端まで様々な名称のルールが存在し、そのルールとルールの間には上下関係があります。このようなルールが現実の実務を動かす大事な道具の一つとして欠かせないものとなっているからです。

　ところで地方団体で定める「条例」はどのような位置にあるかですが、憲法第94条では、「法律の範囲内で条例を制定することができる」と規定されており、この憲法第94条の規定から、条例は憲法の授権により制定されるものと考えることができます。他方、地方自治に関する

◆図表8−1　法令ピラミッド

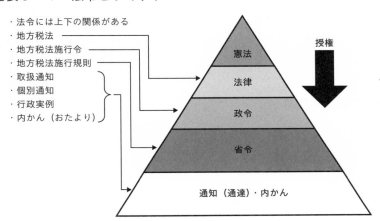

・法令には上下の関係がある
・地方税法
・地方税法施行令
・地方税法施行規則
・取扱通知
・個別通知
・行政実例
・内かん（おたより）

授権

憲法
法律
政令
省令
通知（通達）・内かん

基本法というべき地方自治法第14条では「法令に違反しない限りにおいて……条例を制定することができる」と規定されています。「法律の範囲内で」あるいは「法令に違反しない限りにおいて」と規定されており、同じく憲法の授権により制定される法律と条例の間で、どちらがピラミッドの上下となるかその解釈についてはいろいろ議論があります。法律より下位にあるものとの理解もありますが、もともと法律は国のルールについて、条例は地方に関するルールについて定めるものであって、それぞれ所管する領域が異なることから上下の関係はないとの見解もあります。憲法や地方自治法の上記の定めは両者が衝突する場合は国の法律が優先することを書いているに過ぎないという見解もあります。ここでは条例は、一応国の法令とは別個の次元のルールであるとして、矛盾抵触する場合（矛盾抵触と見るかどうかがそもそも問題ですが）には法律が優先するとしておきましょう。この点は、実は地方税の条例で先鋭的に問題が提起されることがあり、しばしば裁判で争われています。あとで少し触れます（Ⅳ　地方税法の特性（枠法）―特色その3）。

●憲法第94条

第94条　地方公共団体は、その財産を管理し、事務を処理し、及び行政を執行する権能を有し、法律の範囲内で条例を制定することができる。

●地方自治法第14条

第14条　普通地方公共団体は、法令に違反しない限りにおいて第2条第2項の事務に関し、条例を制定することができる。
2項及び3項　略

　次に、法令はどのように構成されているか、法令を構成する条文はどのようにできているか、その配置と内容はどのようなものであるか見てみましょう。図表8－2をご覧ください。

　法令は、本体的事項を規定する「本則」と呼ばれる部分と付随的な事項を規定する「附則」と呼ばれる部分とで構成されています。その配置と内容は、すべての法令が同じではありませんが、地方税法のように条文数の多い法律では、本則部分では①総則的規定②実体的な規定③雑則的な規定④罰則規定と基本的にはこの図表8－2と同様に配置されています。

◆図表8－2　条文はどんなふうにできているか（配置及び内容）

・本則…本体的な事項を規定する部分

　　　総則的規定…全体に通ずる原則的・基本的事項
　　　実体的事項…中心的な内容を成す実体的事項
　　　雑則的規定…実体的規定を前提として、その全般にわたって共通
　　　　　　　　　に適用される事項で、しかも総則的規定とするには
　　　　　　　　　適しない手続的・技術的事項
　　　罰則規定

・附則…付随的な事項を規定する部分

（出典）石毛正純『法制執務詳解　新版Ⅲ』（ぎょうせい）

II 地方税法という法律
─特色その1

　地方税法という法律がどのように構成されているか、法体系という形式面からその特色を見てみましょう。

　次頁の参考資料１をご覧ください。地方税法が、基本的に一般の法令の構成に従っていることが分かります。

　それにしても随分ボリュームの大きな法律ですね。

　この中に、個別の地方税の税金（税目）を課すための要件（課税要件）が定められています。課税要件は、税負担を表す金額又は数値である税率と税率を当てはめて税額を算出するための基準（課税標準）、税負担を求める対象（課税客体）、課税の権利を有する者（課税団体）が税目ごとに定められています。

　地方税の体系（４頁）で確認されるようにたくさんの税目があり、これらの税目に共通的な項目が「総則」として先頭に置かれています。

　地方税は、地方団体が課す税金ですから、道府県と市町村という地方団体の区分に従って、地方税も道府県税と市町村税に大きく分かれます。総則の次には、これらの課税団体ごとの税目について課税要件と課税のための調査の手続といった賦課に関する規定や督促・滞納処分といった徴収に関する規定、犯則事件調査に関する定めなどが置かれています。

　さらに雑則、罰則が置かれ、これらを含めて個別の税目に関する本体は一つのまとまった体系となっていますが、このほかに地方税法には「附則」が置かれています。附則は主にその法律の施行日や施行にあたっての経過的な定めが置かれています。以上が地方税法という法律を規定の形式から見たものです。

　これを国税と比べてみると、国税に関する通則的な定めは「国税通則法」、国税の徴収のための定めは「国税徴収法」、その他個別の国税の課

税要件等を定めた所得税法、法人税法などがあり、国税に関する臨時的な規定などについて定める「租税特別措置法」があるといったように、それぞれが個別の法律を用意して、そこに具体的な定めが置かれている、といった違いがあります。このように個別に法律として定めるか、地方税法のように基本的に一本にまとめるか、それぞれ長短はありますが、税務職員の皆さんは担当の税目だけでなく、折に触れ機会を捉えて「総則」や「附則」についても目を配るようにしてください。ここには賦課徴収のための基本的で大事な規定が盛られているからです。

参考資料1

地方税法
（昭和25年7月31日法律第226号）
　第1章　総則
　　第1節　通則（第1条—第8条の5）
　　第2節　納税義務の承継（第9条—第9条の4）
　　第3節　連帯納税義務等（第10条—第10条の4）
　　第4節　第二次納税義務（第11条—第11条の9）
　　第5節　人格のない社団等の納税義務（第12条・第12条の2）
　　第6節　納税の告知等（第13条—第13条の4）
　　第7節　地方税優先の原則及び地方税と他の債権との調整（第14条—第14条の20）
　　第8節　納税の猶予（第15条—第15条の9）
　　第9節　納税の猶予に伴う担保等（第16条—第16条の5）
　　第10節　還付（第17条—第17条の4）
　　第11節　更正、決定等の期間制限及び消滅時効
　　　第1款　更正、決定等の期間制限（第17条の5・第17条の6）
　　　第2款　消滅時効（第18条—第18条の3）
　　第12節　行政手続法との関係（第18条の4）

Ⅲ　本則と附則
—特色その2

　「附則」が大事だと書きましたが、これは他の法律に比べ、地方税法
では附則が大事な役割を果たしており、これが地方税法の大きな特色で

もあるからです。

本則と附則について、前田正道編『ワークブック法制執務』（ぎょうせい、以下「前田ワークブック」といいます）では、次のように解説されています。

「附則とは、当該法令の施行期日、経過規定、関係法令の改廃等に関する事項等当該法令の付随的事項を規定する部分の総括的な名称であり、当該法令の本体を成す部分の後に置かれる。当該法令の本体を成す部分は、「本則」という。」

この解説の本則と附則のニュアンスからは、両者はあたかも主従に似た関係とも理解されます。その関係に間違いはないのですが、地方税法では、臨時的・特例的な規定が数多く附則に収められ、場合によっては本則以上に大事な役割を果たしています。

例えば、個人住民税における「配当控除」や「住宅借入金等特別税額控除」（法附則5、5の4）、あるいは「固定資産税の土地の価格の特例」（法附則17の2）など附則の該当条文を理解していなければ実務の組み立てをすることができない規定も多く存在しています。このほか実務に関連する附則の規定を図表8-3に例示しています。要するに、国税における租税特別措置法と同様の規定が、地方税法では「附則」に書き込まれているのです。これは見逃すことはできません。

ところで、販売されている地方税法を収めた出版物の中で、例えば地方財務協会の「地方税法」では、本則の後に「本法附則」という項目があり、さらにその後に「改正法附則」という項目が続くという構成がとられています。

これは、地方税法ができたときに最初に置かれた附則を、その後に行われた法律改正ごとにその法律に置かれた附則と区別して便宜的に「本法附則」と呼んでいるに過ぎないものです。税制改正などで後からできた法律に置かれた附則は、それぞれの年ごとの附則という意味で「改正法附則」と呼んでいます。いずれも法制上は「附則」に違いはありませ

んが、本法附則の方は、国税における租税特別措置的な規定が置かれ、実務上も大事な役割を果たしていることは先に述べたとおりです。

◆図表8−3　地方税法は本法附則が重要

・租税特別措置法（国税）の地方税版
【例】
・第3条の2　延滞金及び還付加算金の割合等の特例（「特例基準割合」）
・第3条の3　個人の道府県民税及び市町村民税の所得割の非課税の範囲等
・第15条の6　新築された住宅に対する固定資産税の減額

実務に大事な
規定ばかりじゃ
ないか！

IV　地方税法の特性（枠法）
─特色その3

　地方税法の特色のその3は「枠法」とも「準拠法」とも呼ばれる地方税法の特性です。

　地方税法は国税と形式的な違いばかりでなく、その役割や機能においても大きく異なっています。

　国税は直接納税者に関する定めが適用されますが、地方税は条例によって課税するというルールが採られています。基本的に課税のルールが納税者に適用されるのは条例であって、地方税法という法律ではありません。これを「地方税条例主義」と学者は呼んでいます。つまり、地方税を課税する場合、地方税法に沿って行われなければなりません。その場合でも課税の根拠は地方税法ではなく、地方団体の定める条例にあります。この考え方の根拠は地方税法第2条、第3条にあります。

> **（地方団体の課税権）**
> **第2条**　地方団体は、この法律の定めるところによつて、地方税を賦課徴収することができる。
> **（地方税の賦課徴収に関する規定の形式）**
> **第3条**　地方団体は、その地方税の税目、課税客体、課税標準、税率その他賦課徴収について定をするには、当該地方団体の条例に

2　地方団体の長は、前項の条例の実施のための手続その他その施行について必要な事項を規則で定めることができる。

　これは基本的に地方のことは地方において自主的に定める条例に依って行われるのだという「課税自主権」という考えを根拠としています。それでは地方税法の役割は何だというときに出てくる概念が「枠法」であり、「準拠法」という概念です。これは端的に地方税法の特色を表す言葉です。つまり、地方税法は、直接納税者に租税負担を課すという意味での拘束力を持つものではなく、納税者を拘束するものは条例です。税条例の基本的なあり方は課税自主権を基にしています。地域住民の租税負担は地域住民の意思に依って定める条例に依ることになる、というものです。

　そうはいっても、我が国は狭い国土に1700余からの地方団体がありますから、それぞれが全く自由に租税に関する立法を行ったのでは、橋を一つ渡ったら予想しなかった全く別の税金が別の地方団体で課せられたというようなことになりかねない。それはやはりおかしい。そこで、標準的なルール（枠）を地方税法という国の法律で定め、一定の制限を加える。オールジャパンの視点に立って、安定的な運用が行われるよう調整する役割を地方税法に与える、というのが枠法という考えです。地方の条例はこれに準拠して規定を置くことになることから準拠法とも呼ばれます。もっとも、枠法といっても罰則の定めのように、地方税法に置かれ、違反行為があると直接適用されるものもありますから、厳密な意味で地方税法全体が枠法とされるものではありません。ここでは税目や課税要件の定めを念頭に置いて「枠法」と呼ばれていることに注意が必要です。

　一般に地方の運営を「地方自治の本旨」に従って行うという考え方からすると、税の分野でも地方税に対する関与は最低限でなければならな

い、という議論が行われています。課税自主権という考え方は地方自治の本旨からくるものです。地方税法にはいろいろ制約はありますが、これまでも様々な場面で議論され、平成10年には、個人住民税の制限税率が撤廃され、平成12年には法定外税の要件が緩和されて、法定目的税が創設され、さらに平成16年には、固定資産税の制限税率が撤廃されるなど、これまでに課税自主権は実際に拡大されてきました（図表8－4）。

◆図表8－4　課税自主権と枠法

自治体の課税自主権を重視
〈地方税法の関与は最小限にすべし〉

だが…

・1700余の地方団体に自由な自治立法権を与えるのは無理がある。
　一定の制約を承認

・地方税法の「枠」は認めなければならない。

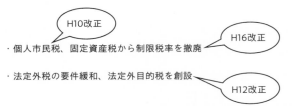

H10改正

H16改正

・個人市民税、固定資産税から制限税率を撤廃

・法定外税の要件緩和、法定外目的税を創設

H12改正

　課税自主権は、新税を考えるときに俄かに現実的な問題となります。地方税法は枠内に定める標準的な地方税ばかりでなく、枠外に地方団体が国（総務大臣）と協議して地方税を定めることが出来る制度（法定外税）があります。

　平成13年3月に神奈川県が創設した法定外普通税（神奈川県臨時特例企業税）が平成25年3月21日に最高裁判所に依って地方税法に違反するとして、神奈川県が敗訴を言い渡されています。

　税務の仕事は多くが法令ピラミッドにより、ルールが決まっていて、それさえ覚えれば足りると考えているとすれば、大変な勘違いです。中

にはこの神奈川県の新税問題などエキサイティングな課題もあるのです。神奈川県臨時特例企業税問題は、枠法又は準拠法としての地方税について考えるよき素材が与えられたと考えることができるものです。この概要は参考資料2に掲げておきます。

参考資料2

神奈川県臨時特例企業税訴訟

●神奈川県臨時特例企業税

……平成13年3月に神奈川県が創設した法定外普通税

* 同年6月に総務大臣の同意。
* 当事者　原告　いすゞ自動車
　　　　　　被告　神奈川県
* 第1審　平成20年3月19日　横浜地裁判決
　　　　　　神奈川県敗訴
* 第2審　平成22年2月25日　東京高裁判決
　　　　　　神奈川県勝訴
* 上告審　平成25年3月21日　最高裁判決
　　　　　　神奈川県敗訴

●仕組み……神奈川県内に事務所又は事業所を設けている資本金等の額が5億円以上の法人に対し、法人事業税の課税標準である所得の金額の計算上繰越控除される欠損金の額に相当する金額を課税標準として課すもの。

●争点……法人事業税の課税標準である所得の金額の計算につき欠損金の繰越控除を定めた地方税法の規定を潜脱するものか。

（参考）月刊「税」2011年7月号特集

V 税法でよく使われる「法令用語」
─法制執務の知識として

　税務を的確に遂行するために法制執務の知識は不可欠です。ここでは地方税法の具体的な条文の中から税法でよく使われる「法令用語」を取り出してみましたので参考に掲げておきます。税法を正確に読むには、もとよりこれらの用語で足りるものではありません。必要に応じ法制執務について書かれた書籍を参照してください。

　ここでは、文中の「解説」に次の書籍を引用又は参考とさせていただいています。

- ・石毛正純著『法制執務詳解　新版Ⅲ』（ぎょうせい刊。以下「石毛詳解」という。）
- ・前田ワークブック

用語	解説
「以上」「以下」 「未満」「満たない」 「超える」	いずれも、数量的限定をする場合に用いる。 　「以上」「以下」は、基準点となる数量を含めていう場合に用いる。例えば、「1万円以上の金額」という場合には、1万円を含めてそれより多い金額のことであり、「1万円以下の金額」という場合には、1万円を含めてそれより少ない金額のことである。 　「未満」「満たない」「超える」は、基準点となる数量を含めないでいう場合に用いる。例えば、「1万円未満の金額」「1万円に満たない金額」というのは、1万円を含まないでそれより少ない金額のことであり（「未満」と「満たない」とは、同義語である。）、「1万円を超える金額」というのは、1万円を含まないでそれより多い金額のことである。 （以上「石毛詳解」587ページ） 　「以上」「以下」、「未満」「満たない」、「超える」のそれぞれの用語例として、次のものがある。 （固定資産税の免税点） 第351条　市町村は、同一の者について当該市町村の区域内におけるその者の所有に係る土地、家屋又は償却資産に対して課する固定資産税の課税標準となるべき額が土地にあっては30万円、家屋にあっては20万円、償却資産にあっては150万円に満たない場合においては、固定資産税を課することができない。ただし、財政上その他特別の必要がある場合においては、当該市町村の条例の定めるところによって、その額がそれぞれ30万円、20万円又

用語	解説
	は150万円に満たないときであっても、固定資産税を課することができる。 （種別割の標準税率） 第463条の15　次の各号に掲げる軽自動車等に対して課する種別割の標準税率は、1台について、それぞれ当該各号に定める額とする。 　一　原動機付自転車 　　イ　総排気量が0.05リットル以下のもの又は定格出力が0.6キロワット以下のもの（ニに掲げるものを除く。）　年額　2,000円 　　ロ　二輪のもので、総排気量が0.05リットルを超え、0.09リットル以下のもの又は定格出力が0.6キロワットを超え、0.8キロワット以下のもの　年額　2,000円 　　ハ　二輪のもので、総排気量が0.09リットルを超えるもの又は定格出力が0.8キロワットを超えるもの　年額　2,400円 　　ニ　三輪以上のもの（総務省令で定めるものを除く。）で、総排気量が0.02リットルを超えるもの又は定格出力が0.25キロワットを超えるもの　年額　3,700円 　二　軽自動車及び小型特殊自動車 　　イ　二輪のもの（側車付のものを含む。）　年額　3,600円 　　ロ　三輪のもの　年額　3,900円 　　ハ　四輪以上のもの 　　　　　　乗用のもの 　　　　　　営業用　　　　年額　6,900円 　　　　　　自家用　　　　年額　10,800円 　　　　　　貨物用のもの 　　　　　　営業用　　　　年額　3,800円 　　　　　　自家用　　　　年額　5,000円 　三　二輪の小型自動車　年額　6,000円 2項及び3項　略 （種別割の脱税に関する罪） 第463条の22　偽りその他不正の行為により種別割の全部又は一部を免れた者は、100万円以下の罰金に処する。 2　前項の免れた税額が100万円を超える場合には、情状により、同項の罰金の額は、同項の規定にかかわらず、100万円を超える額でその免れた税額に相当する額以下の額とすることができる。
「以内」 「内」 「以外」	「以内」「内」は、時間的限定や空間的限定をする場合に用いる。「以内」は基準点を含み、「内」は基準点を含まない。 　したがって、例えば、「1週間以内」というのは、1週間という基準点を含み、「1週間内」というのは、1週間という基準点の直前までをいう、ということになるが、実際問題として両者に差違は生じない。結局、「以内」と「内」とは、同義語であるとみても差し支えない、といえる。 　「以外」とは、「以外」の言葉の前に出てくる対象物を除いた別の対象物を捉えて指す場合に用いる。すなわち、「……を除く別の」という意味である。 <div align="right">（以上「石毛詳解」588ページ）</div>

用語	解説
	「内」と「以内」と「以外」の用語例として、次のものがある。 （関係・地方団体の長の意見が異なる場合の措置） 第8条　地方団体の長は、課税権の帰属その他この法律の規定の適用について他の地方団体の長と意見を異にし、その協議がととのわない場合においては、住民基本台帳法（昭和42年法律第81号）第33条の規定の適用がある場合を除き、総務大臣（関係地方団体が一の道府県の区域内の市町村である場合においては、道府県知事）に対し、その決定を求める旨を申し出なければならない。 2　総務大臣又は道府県知事は、前項の決定を求める旨の申出を受けた場合においては、その申出を受けた日から60日以内に決定をし、遅滞なく、その旨を関係地方団体の長に通知しなければならない。 （過誤納金の充当） 第17条の2　地方団体の長は、前条の規定により還付すべき場合において、その還付を受けるべき者につき納付し、又は納入すべきこととなつた地方団体の徴収金（その納付し、又は納入する義務が信託財産責任負担債務である地方団体の徴収金に係る過誤納金である場合にはその納付し、又は納入する義務が当該信託財産責任負担債務である地方団体の徴収金に限るものとし、その納付し、又は納入する義務が信託財産責任負担債務である地方団体の徴収金に係る過誤納金でない場合にはその納付し、又は納入する義務が信託財産限定責任負担債務である地方団体の徴収金以外の地方団体の徴収金に限る。以下この条において同じ。）があるときは、前条の規定にかかわらず、過誤納金をその地方団体の徴収金に充当しなければならない。 2項以下　略
「経過した日」「経過する日」	「経過した日」は、既に一定の事実や行為が過去となった日であるから、一定の事実や行為のあった日の翌日を指し、「経過する日」は一定の事実や行為が進行中の日であるから、一定の事実や行為が進行しているその日を指す。
	「経過した日」と「経過する日」の用語例として、次のものがある。 （還付加算金） 第17条の4　地方団体の長は、過誤納金を第17条又は第17条の2第1項から第3項までの規定により還付し、又は充当する場合には、次の各号に掲げる過誤納金の区分に従い当該各号に定める日の翌日から地方団体の長が還付のための支出を決定した日又は充当をした日（同日前に充当をするのに適することとなつた日がある場合には、当該適することとなつた日）までの期間の日数に応じ、その金額に年7.3パーセントの割合を乗じて計算した金額（以下「還付加算金」という。）をその還付又は充当をすべき金額に加算しなければならない。 一　略 二　更正の請求に基づく更正（当該請求に対する処分に係る審査請求又は訴えについての裁決又は判決を含む。）により、納付し、又は納入すべき額が減少した地方税（当該地方税に係る延滞金を含む。次号において同じ。）に係る過誤納金　その更正の請求があつた日の翌日から起算して3月を経過する日と当該更正があつた日の翌日から起算して1月を経過する日とのいずれか早い日 三　所得税の更正（更正又は決定により納付すべき税額が確定した所得税額

用語	解説
	につき行われた更正にあっては、更正の請求に基づくものに限る。以下この号及び第5項において同じ。）又は所得税の申告書（所得税法第2条第1項第37号に規定する確定申告書及び同項第39号に規定する修正申告書をいう。以下この号及び第5項において同じ。）の提出に基因してされた賦課決定により、納付し、又は納入すべき額が減少した地方税に係る過納金 当該賦課決定の基因となつた所得税の更正の通知が発せられた日の翌日から起算して1月を<u>経過する日</u>又は所得税の申告書の提出がされた日の翌日から起算して1月を<u>経過する日</u> 四　前3号に掲げる過納金以外の地方団体の徴収金に係る過誤納金　その過誤納となつた日として政令で定める日の翌日から起算して1月を<u>経過する日</u> 2　前項の場合において、次の各号のいずれかに該当するときは、当該各号に定める期間を同項に規定する期間から控除しなければならない。 　一　地方団体の長が過誤納金があることを納税者又は特別徴収義務者に通知した場合において、その通知を発した日から30日を<u>経過する日</u>までにその過誤納金の還付を請求しないとき　その<u>経過する日</u>の翌日から還付の請求があつた日までの期間 　二　過誤納金の返還請求権につき民事執行法の規定による差押命令又は差押処分が発せられたとき　その差押命令又は差押処分の送達を受けた日の翌日から1週間を<u>経過した日</u>までの期間 　三　過誤納金の返還請求権につき仮差押えがされたとき　その仮差押えがされている期間 3項以下　略
「又は」「若しくは」	いずれも選択的接続詞であり、英語の「or」に相当する。 　選択的接続が同じ段階の場合（並列する語句に意味上の区別を設ける必要のない場合）には、「又は」を用いる。 　接続する語句が2つのときは、読点を用いないで「又は」で結び（例えば、「A又はB」というように）、3つ以上のときは、最後の2つの語句だけを読点を用いないで「又は」で結び、それより前の接続は読点で結ぶ（例えば、「A、B又はC」「A、B、C又はD」というように）。 　なお、接続する語句が動詞、形容詞又は副詞の場合には、接続する語句が2つのときも、「、又は」というように「又は」の前に読点を付けて結び（例えば、「…し、又は……する」というように）、3つ以上のときも、最後の2つの語句を「、又は」というように読点を付けて結び、それより前の接続も読点で結ぶ（例えば、「……し、……し、又は……する」というように）。 （以上「石毛詳解」645ページ） 　「又は」と「若しくは」の用語例として、次のものがある。 （用語） 第1条　この法律において、次の各号に掲げる用語の意義は、当該各号に定めるところによる。 　一　地方団体　道府県<u>又は</u>市町村をいう。 　二　地方団体の長　道府県知事<u>又は</u>市町村長をいう。 　三　徴税吏員　道府県知事<u>若しくは</u>その委任を受けた道府県職員<u>又は</u>市町村長<u>若しくは</u>その委任を受けた市町村職員をいう。

用語	解説
「及び」「並びに」	いずれも併合的接続詞であり、英語の「and」に相当する。 　併合的接続が同じ段階の場合（並列する語句に意味上の区別を設ける必要のない場合）には、「及び」を用いる。 　接続する語句が2つのときは、読点を用いないで「及び」で結び（例えば、「A及びB」というように）、3つ以上のときは、最後の2つの語句だけを読点を用いないで「及び」で結び、それより前の接続は読点で結ぶ（例えば、「A、B及びC」「A、B、C及びD」というように）。 　なお、接続する語句が動詞、形容詞又は副詞の場合には、接続する語句が2つのときも、「、及び」というように「及び」の上に読点を付けて結び（例えば、「……し、及び……する」というように）、3つ以上のときも、最後の2つの語句を「、及び」というように読点を付けて結び、それより前の接続も読点で結ぶ（例えば、「…し、……し、及び…する」というように）。 （以上「石毛詳解」588－589ページ）
	「及び」と「並びに」の用語例として、次のものがある。 （用語） 第1条　この法律において、次の各号に掲げる用語の意義は、当該各号に定めるところによる。 　一号から五号まで　略 　六　納税通知書　納税者が納付すべき地方税について、その賦課の根拠となつた法律<u>及び</u>当該地方団体の条例の規定、納税者の住所<u>及び</u>氏名、課税標準額、税率、税額、納期、各納期における納付額、納付の場所<u>並びに</u>納期限までに税金を納付しなかつた場合において執られるべき措置及び賦課に不服がある場合における救済の方法を記載した文書で当該地方団体が作成するものをいう。 　七号から十三号まで　略 　十四　地方団体の徴収金　地方税<u>並びに</u>その督促手数料、延滞金、過少申告加算金、不申告加算金、重加算金<u>及び</u>滞納処分費をいう。 　2項　略
「当該」「その」	「当該」は、基本的には「その」という連体詞と異なることはなく、ある規定の中の特定の対象をとらえて、それが前に掲げられた特定の対象と同一のものであることを示す冠詞として用いる。 　また、「当該」は、そこで問題となっている「当の」という意味にも用いる。 （参考「石毛詳解」636ページ、「前田ワークブック」631ページ）
	「当該」と「その」の用語例として、次のものがある。 （用語） 第1条　この法律において、次の各号に掲げる用語の意義は、当該各号に定めるところによる。 　一号から四号まで　略 　五　標準税率　地方団体が課税する場合に通常よるべき税率で<u>その</u>財政上その他の必要があると認める場合においては、これによることを要しない税率をいい、総務大臣が地方交付税の額を定める際に基準財政収入額の算

用語	解説
	定の基礎として用いる税率とする。 　六　納税通知書　納税者が納付すべき地方税について、その賦課の根拠となった法律及び当該地方団体の条例の規定、納税者の住所及び氏名、課税標準額、税率、税額、納期、各納期における納付額、納付の場所並びに納期限までに税金を納付しなかつた場合において執られるべき措置及び賦課に不服がある場合における救済の方法を記載した文書で当該地方団体が作成するものをいう。 （事業者等への協力要請） 第20条の11　徴税吏員は、この法律に特別の定めがあるものを除くほか、地方税に関する調査について必要があるときは、事業者（特別の法律により設立された法人を含む。）又は官公署又は政府関係機関に、当該調査に関し参考となるべき簿書及び資料の閲覧又は提供その他の協力を求めることができる。
「その他の」「その他」	「その他の」は、「その他の」の前にある名詞（名詞句）が、「その他の」の後にある、より意味内容の広い名詞（名詞句）の例示としてその中に包含される場合に用いる。例えば、条例で、「野球場、陸上競技場その他の規則で定める運動施設」という場合には、「野球場」「陸上競技場」は、「運動施設」の例示であり、「運動施設」に含まれる概念である。したがって、この条例の委任を受けて規則で「運動施設」を規定する場合には、「条例第〇条の規則で定める運動施設は、野球場、陸上競技場、水泳プール、ゴルフ場及びバレーボール場とする」というように、「野球場」「陸上競技場」をも含めて掲げる必要がある。 　「その他」は、「その他」の前にある名詞（名詞句）と「その他」の後にある名詞（名詞句）とが並列の関係にある場合に用いる。例えば、「地上権、地役権その他規則で定めるこれに準ずる権利」という場合には、「地上権」「地役権」と「これに準ずる権利」とは、並列の関係にある。したがって、この条例の委任を受けて規則で「これに準ずる権利」を規定する場合には、「条例第〇条の規則で定めるこれに準ずる権利は、永小作権及び入会権とする」というように、「地上権」「地役権」以外のものを掲げる。 （以上「石毛詳解」620－621ページ）
	「その他の」と「その他」の用語例として、次のものがある。 （市町村が課することができる税目） 第5条　市町村税は、普通税及び目的税とする。 2　市町村は、普通税として、次に掲げるものを課するものとする。ただし、徴収に要すべき経費が徴収すべき税額に比して多額であると認められるものその他特別の事情があるものについては、この限りでない。 　一　市町村民税 　二　固定資産税 　三　軽自動車税 　四　市町村たばこ税 　五　鉱産税 　六　特別土地保有税 3　市町村は、前項に掲げるものを除く外、別に税目を起して、普通税を課す

用語	解説
	ることができる。 4　鉱泉浴場所在の市町村は、目的税として、入湯税を課するものとする。 5　指定都市等（第701条の31第1項第1号の指定都市等をいう。）は、目的税として、事業所税を課するものとする。 6　市町村は、前2項に規定するものを除くほか、目的税として、次に掲げるものを課することができる。 　　一　都市計画税 　　二　水利地益税 　　三　共同施設税 　　四　宅地開発税 　　五　国民健康保険税 7　市町村は、第4項及び第5項に規定するもの並びに前項各号に掲げるものを除くほか、別に税目を起こして、目的税を課することができる。 （公益等に因る課税免除及び不均一課税） 第6条　地方団体は、公益上その他の事由に因り課税を不適当とする場合においては、課税をしないことができる。 2　地方団体は、公益上その他の事由に因り必要がある場合においては、不均一の課税をすることができる。 （納税証明書の交付） 第20条の10　地方団体の長は、地方団体の徴収金と競合する債権に係る担保権の設定その他の目的で、地方団体の徴収金の納付又は納入すべき額その他地方団体の徴収金に関する事項（この法律又はこれに基づく政令の規定により地方団体の徴収金に関して地方団体が備えなければならない帳簿に登録された事項を含む。）のうち政令で定めるものについての証明書の交付を請求する者があるときは、その者に関するものに限り、これを交付しなければならない。
「推定する」「みなす」	「推定する」は、ある事実について、当事者間に取決めがない場合又は反対の証拠が挙がらない場合に、法が一応こうであろうという判断を下して、そのような取扱いをする場合に用いる。したがって、当該事実について当事者間に別段の取決めがあり、又は反対の証拠が挙がれば（法の推定と異なることが立証されれば）、法の一応の推定は覆され、その取決め又は証拠に基づいた取扱いがなされる。 　「みなす」は、ある事物（A）を、それと性質を異にする他の事物（B）と、一定の法律関係において同一視し、当該他の事物（B）について生じる法律効果を、その事物（A）について生じさせる場合に用いる。「みなす」は、同一の事物でないこと（AはBでないこと。）の反証を許さず、一定の法律関係に関する限り、絶対にこれを同一視する（AはBであるとして取り扱う。）点において、「推定する」と異なる。 <div align="right">（以上「石毛詳解」609－610ページ）</div>
	「推定する」と「みなす」の用語例として、次のものがある。

用語	解説
	（書類の送達） 第20条　1項から3項まで　略 4　通常の取扱いによる郵便又は信書便により第1項に規定する書類を発送した場合には、この法律に特別の定めがある場合を除き、その郵便物又は民間事業者による信書の送達に関する法律第2条第3項に規定する信書便物（第20条の5の3及び第22条の5において「信書便物」という。）は、通常到達すべきであつた時に送達があつたものと<u>推定する</u>。 5項　略 （公示送達） 第20条の2　地方団体の長は、前条の規定により送達すべき書類について、その送達を受けるべき者の住所、居所、事務所及び事業所が明らかでない場合又は外国においてすべき送達につき困難な事情があると認められる場合には、その送達に代えて公示送達をすることができる。 2　公示送達は、地方団体の長が送達すべき書類を保管し、いつでも送達を受けるべき者に交付する旨を地方団体の掲示場に掲示して行う。 3　前項の場合において、掲示を始めた日から起算して7日を経過したときは、書類の送達があつたものと<u>みなす</u>。
「適用する」「準用する」「例による」	「適用する」が、特定の規定をその規定の本来の目的とするものと本質の異ならないもの（人、事項、事件等）に対して、そのまま当てはめて働かせる場合に用いるのに対し、「準用する」とは、ある事項を規定しようとする場合に、それと本質の異なる（しかし、それと類似する）他の事項に関する規定を借りてきて、これに適当な修正を加えて当てはめて働かせる場合に用いる。これは、類似する事項について同じような規定を設けることの煩雑さを避けるためである。 　「例による」は、ある事項を規定しようとする場合に、それと本質の異なる（しかし、それと類似する）他の事項に関する制度を借りてきて、その制度によるのと同じように取り扱うという場合に用いる。これは、類似する事項について同じような制度に関する規定を設けることの煩雑さを避けるためであり、したがって、「準用する」の場合と同じような結果を生じる。ただ、「準用する」というのが、他の事項に関する個々の規定をとらえてきてそれによるという場合であるのに対し、「例による」というのは、他の事項に関する制度を包括的にとらえてきてそれによるという場合である、という違いがある。 　　　　　　　　　（以上「石毛詳解」599－609ページからの抜粋） 「適用する」と「準用する」と「例による」の用語例として、次のものがある。 （人格のない社団等に対する本章の規定の適用） 第12条　法人でない社団又は財団で代表者又は管理人の定があるもの（以下本章において「人格のない社団等」という。）は、法人とみなして、本章中法人に関する規定をこれに<u>適用する</u>。 （連帯納税義務） 第10条　地方団体の徴収金を連帯して納付し、又は納入する義務については、

用語	解説
	民法第436条、第437条及び第441条から第445条までの規定を準用する。 （法人の道府県民税に係る滞納処分） 第68条　1項から5項まで　略 6　前各項に定めるものその他法人の道府県民税に係る地方団体の徴収金の滞納処分については、国税徴収法に規定する滞納処分の例による。 7項　略
「するものとする」 「することができる」 「しなければならない」	「するものとする」は、「しなければならない」よりは義務付けの感じが弱く、ある原則なり方針なりを示すという場合に用いる（「するものとする」は、解釈として、合理的な理由があればしなくてもよいという意味も出てくるので、その用い方には注意する必要がある。）。 　「することができる」は、一定の行為をすることを義務付けないで、それをするかしないかの裁量の余地を与える場合に用いる。 　「しなければならない」は、一定の行為をすることを義務付け、それをするかしないかの裁量の余地を与えない場合に用いる。 <div align="right">（以上「石毛詳解」611ページを基に構成）</div>
	「するものとする」と「することができる」と「しなければならない」のそれぞれの用語例として、次のものがある。 （道府県が課することができる税目） 第4条　道府県税は、普通税及び目的税とする。 2　道府県は、普通税として、次に掲げるものを課するものとする。ただし、徴収に要すべき経費が徴収すべき税額に比して多額であると認められるものその他特別の事情があるものについては、この限りでない。 　　一　道府県民税 　　二　事業税 　　三　地方消費税 　　四　不動産取得税 　　五　道府県たばこ税 　　六　ゴルフ場利用税 　　七　軽油引取税 　　八　自動車税 　　九　鉱区税 3　道府県は、前項各号に掲げるものを除くほか、別に税目を起こして、普通税を課することができる。 4　道府県は、目的税として、狩猟税を課するものとする。 5　道府県は、前項に規定するものを除くほか、目的税として、水利地益税を課することができる。 6　道府県は、前2項に規定するものを除くほか、別に税目を起こして、目的税を課することができる。 （相続による納税義務の承継） 第9条　相続（包括遺贈を含む。以下本章において同じ。）があつた場合には、

用語	解説
	その相続人（包括受遺者を含む。以下本章において同じ。）又は民法（明治29年法律第89号）第951条の法人は、被相続人（包括遺贈者を含む。以下本章において同じ。）に課されるべき、又は被相続人が納付し、若しくは納入すべき地方団体の徴収金（以下本章において「被相続人の地方団体の徴収金」という。）を納付し、又は<u>納入しなければならない</u>。ただし、限定承認をした相続人は、相続によつて得た財産を限度とする。 2項以下　略
「場合」「とき」「時」	「場合」は、仮定的な条件の場合や既に規定された事項を引用する包括的な条件を示す場合に用いる。 　「とき」は、「場合」と同じように仮定的な条件を示す場合に用いる（「場合」と「とき」の使い分けについては、明確な基準はない。）。 　条件を表すために「場合」と「とき」の両者を重ねて用いる場合には、大きな条件を「場合」で示し、小さな条件を「とき」で示す。 　「時」は、一定の時刻、時点を示す語として用いる。 　　　　　　　　　　　　（以上「石毛詳解」643－644ページ）
	「場合」と「とき」と「時」の用語例として、次のものがある。 （人格のない社団等の納税義務の承継等） 第12条の2　法人が人格のない社団等の財産に属する権利義務を包括して承継する<u>場合</u>（第9条の3の規定の適用がある場合を除く。）には、その法人は、その人格のない社団等に課されるべき、又はその人格のない社団等が納付し、若しくは納入すべき地方団体の徴収金（その承継が権利義務の一部である<u>とき</u>は、その額にその承継の<u>時</u>における人格のない社団等の財産のうちにその法人が承継した財産の占める割合を乗じて計算して得た額の地方団体の徴収金）を納付し、又は納入する義務を負う。 2項以下　略

第9章

地方税務お役立ち情報

1　都道府県税の概要

税目	納税義務者	課税客体	課税標準	税率	収入見込額（R4）
道府県民税（直）	道府県内に住所を有する個人、道府県内に事務所等を有する法人等	左に同じ	均等割（個人、法人）…定額課税	個人…1,000円（ただし、平成26年度から令和5年度まで1,500円）法人…2万円～80万円	億円（構成比）個人均等割…965 所得割…44,042 法人均等割…1,463 法人税割…1,963 利子割…267 配当割…1,614 株式等譲渡所得割…2,400 計 52,714（27.8）
			所得割（個人）…前年の所得	4/100（指定都市に住所を有する者は、2/100）（分離課税が適用される所得に係る特例あり）	
			法人税割（法人）…法人税額	1/100	
			利子割（個人）…支払を受けるべき利子等の額	5/100	
			配当割（個人）…支払を受ける一定の上場株式等に係る配当の額	5/100	
			株式等譲渡所得割（個人）…源泉徴収口座内の株式等の譲渡による所得	5/100	
事業税（直）	事業を行う個人、法人	個人、法人の行う事業	個人…前年の所得　法人…付加価値額、資本金等の額、所得又は収入金額	外形標準課税対象法人　付加価値割　1.2/100　資本割　0.5/100　所得割　1/100　所得課税法人　所得割　3.5/100～7/100　収入割を申告納付すべき法人（電気供給業（小売電気事業等、発電事業等及び特定卸供給事業を除く）、ガス供給業（導管ガス供給業）、保険業及び貿易保険業を行う法人）　収入割　1/100　（電気供給業（小売電気事業等、発電事業等及び特定卸供給事業）を行う法人）　資本金1億円超の普通法人　収入割　0.75/100　付加価値割　0.37/100　資本割　0.15/100　資本金1億円以下の普通法人等　収入割　0.75/100　所得割　1.85/100　（ガス供給業（特定ガス供給業）を行う法人）　付加価値割　0.48/100　資本割　0.77/100　所得割　0.32/100	個人…2,258 法人…43,912 計 46,170（24.3）
地方消費税（直）	譲渡割…課税資産の譲渡等（特定資産の譲渡等を除く）及び特定課税仕入れを行った事業者　貨物割…課税貨物を保税地域から引き取る者	譲渡割…事業者の行った課税資産の譲渡等（特定資産の譲渡等を除く）及び特定課税仕入れ　貨物割…課税貨物	譲渡割…課税資産の譲渡等（特定資産の譲渡等を除く）及び特定課税仕入れ等に係る消費税額から仕入れ等に係る消費税額等を控除した消費税額　貨物割…課税貨物に係る消費税額	22/78（消費税率換算2.2%）（軽減税率適用時は消費税率換算1.76%）	譲渡割…39,649 貨物割…19,518 計 59,167（31.1）
不動産取得税（直）	不動産の取得者	不動産（土地又は家屋）の取得	取得した不動産の価格	4/100（ただし、住宅及び土地は平成18年4月1日から令和6年3月31日まで3/100）	3,911（2.1）
道府県たばこ税（間）	卸売販売業者等	売渡し等に係る製造たばこ	製造たばこの本数	1,000本につき1,070円	1,446（0.8）
ゴルフ場利用税（間）	ゴルフ場の利用者	ゴルフ場の利用	1人1日につき800円（標準税率）		407（0.2）
軽油引取税（間）	現実の納入を伴う軽油の引取りを行う者	軽油の引取りで現実の納入を伴うもの	軽油の数量	1klにつき15,000円（ただし、当分の間、1klにつき32,100円）	9,307（4.9）
自動車税（直）	自動車の取得者	自動車	環境性能割	例　自家用乗用車　電気自動車等、2030年度基準85%達成…非課税　2030年度基準75%達成…1/100　2030年度基準60%達成…2/100　上記以外、2020年度基準未達成…3/100	環境性能割…1,482 種別割…15,283 計 16,765（8.8）
	自動車の所有者	自動車	種別割	例　自家用乗用車　（1,000cc超1,500cc以下）　年額34,500円（ただし、令和元年9月30日以前に初回新規登録を受けた自家用乗用車は34,500円）	
鉱区税（直）	鉱業権者	鉱区	鉱区の面積	例　砂鉱以外の採掘鉱区　100アールごとに年額400円	3（0.0）
固定資産税（特例分等）（直）	大規模の償却資産の所有者	大規模の償却資産	市町村が課することができる固定資産税の課税標準となるべき額を超える部分の金額	1.4/100	51（0.0）
狩猟税（直）	狩猟者の登録を受ける者	狩猟者の登録		例　第一種銃猟免許に係る狩猟者の登録を受ける者につき16,500円	7（0.0）
水利地益税（直）	水利に関する事業等により特に利益を受ける者	土地、家屋	価格又は面積	任意税率	（―）
				道府県税計	189,948（100.0）

（注）　1．税目の欄中、（直）は直接税、（間）は間接税である。　2．収入見込額（R4）は、令和4年度地方財政計画における収入見込額である。
3．表中の税率等は、令和4年度税制改正によるものを含む。　4．上記のほか、東日本大震災による減免等に伴う減収を56億円と見込んでいる。

2　市町村税の概要

税目	納税義務者	課税客体	課税標準	税率	収入見込額（R4）
市町村民税 （直）	市町村内に住所を有する個人、市町村内に事務所等を有する法人等	左に同じ	均等割（個人、法人）…定額課税	個人…3,000円 （ただし、平成26年度から令和5年度まで3,500円） 法人…5万円～300万円	億円 （構成比） 個人均等割…　2,249 所得割……… 80,641 法人均等割…　4,536 法人税割…… 11,327 計　　98,753 （44.2）
			所得割（個人）…前年の所得	6/100（指定都市に住所を有する場合には、8/100） （分離課税が適用される所得に係る特例あり）	
			法人税割（法人）…法人税額	6/100	
固定資産税 （直）	固定資産の所有者	固定資産（土地、家屋、償却資産）	価格	1.4/100	95,087 （42.6）
軽自動車税 （直）	三輪以上の軽自動車の取得者	三輪以上の軽自動車	環境性能割	例　自家用乗用車 　電気自動車等、 　2030年度基準75%達成…非課税 　2030年度基準60%達成…1/100 　上記以外、 　2020年度基準未達成…2/100	環境性能割… 175 種　別　割… 2,943 計　　3,118 （1.4）
	軽自動車等の所有者	原動機付自転車、軽自動車、小型特殊自動車及び二輪の小型自動車	種別割	例　四輪以上の自家用軽乗用車…年額10,800円 （ただし、平成27年3月31日以前に初めて車両番号の指定を受けたものについては、年額7,200円を適用）	
市町村たばこ税（間）	卸売販売業者等	売渡し等に係る製造たばこ	製造たばこの本数	1,000本につき6,552円	8,819 （3.9）
鉱産税 （直）	鉱業者	鉱物の掘採の事業	鉱物の価格	1/100（標準税率）	18 （0.0）
特別土地保有税（直）	土地の所有者又は取得者	土地の所有又は取得	土地の取得価額	土地に対する課税1.4/100 土地の取得に対する課税3/100	1 （0.0）
		（※平成15年度以降は新たな課税は行っていない。）			
入湯税 （間）	入湯客	鉱泉浴場における入湯行為	入湯客数	1人1日につき150円	158 （0.1）
事業所税 （直）	事業所等において事業を行う者	事業	資産割…事業所床面積	1m²につき600円	3,913 （1.8）
			従業者割…従業者給与総額	0.25/100	
都市計画税 （直）	市街化区域等内に所在する土地、家屋の所有者	固定資産（土地、家屋）	価格	0.3/100（制限税率）	13,570 （6.1）
水利地益税 （直）	水利に関する事業等により特に利益を受ける者	土地、家屋	価格又は面積	任意税率	0 （0.0）
共同施設税 （直）	共同施設により特に利益を受ける者	共同施設により特に利益を受けた事実	共同施設の利益状況を考慮して市町村が条例で定める	任意税率	― （―）
宅地開発税 （直）	権原により宅地開発を行う者	市街化区域において行われる宅地開発	宅地の面積	任意税率	― （―）
				市町村税計	223,437 （100.0）

（注）　1．税目の欄中、（直）は直接税、（間）は間接税等である。
　　　　2．収入見込額（R4）は、令和4年度地方財政計画における収入見込額である。
　　　　3．固定資産税には国有資産等所在市町村交付金を含む。
　　　　4．表中の税率等は、令和4年度税制改正によるものを含む。
　　　　5．上記のほか、東日本大震災による減免等に伴う減収を256億円と見込んでいる。

（出典）都道府県税研修用テキスト

3　国税と地方税の状況

○国税と地方税の状況（令和2年度）

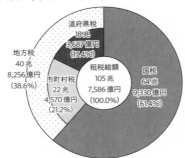

(注) 東京都が徴収した市町村税相当額は、市町村税に含み、都道府県税に含まない。

○道府県税収入額の状況（令和2年度）

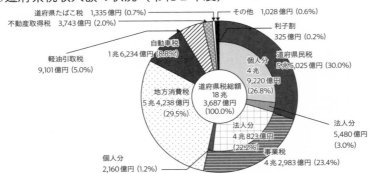

○市町村税収入額の状況（令和2年度）

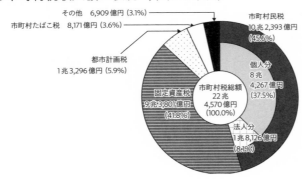

（出典）総務省HP

4　国と地方団体との税務行政運営上の協力について

　国と地方団体との税務行政運営上の協力については、一般に「三税協力通知」と呼ばれる多数の通知がこれまで総務省から発せられ、国、道府県、市町村三者間での協力体制の確立強化を促進することとされています。

第1　「国と地方団体との税務行政運営上の協力について」
　　　（昭和29年9月20日自乙府発第195号各都道府県知事あて自治庁次
　　　長通達）

　今次の地方税制の改正に伴い、国、道府県、市町村三者間の協力体制の確立強化を促進するため、当庁においては、かねてより国税庁と協議を重ねていたのであるが今回別添のとおり、了解事項を決定したので、左記事項に、留意の上これが運営について遺憾なきを期せられたく、命に依って通達する。

　なお、管下市町村に対してもこの旨を示達の上、その趣旨の徹底を図られたい。

記

1　別添の了解事項に基く具体的措置の細目については、逐次必要な通達を発するものであること。

2　昭和29年度分の個人事業税のうち、自由職業等に属するものの事業所得と給与所得の区分等については、別途通達するところによるものであること。

　国税庁においても同一内容の了解事項について、別紙写のとおり通達が発せられているので差し当っては、右（上――編者）の了解事項の範囲内において、関係税務官署とできる限り協力を行うものであること。

　事業税に関する所得税及び法人税の関係書類の供覧等に関する取扱については、本年8月21日自乙府発第153号をもって通達したところによるものであること。

別添…省略

5 公用照会に係る適法性判断参考法律（例）

(1) 照会・証明請求に応じることを許容していると認められる法律（例）

法　律	請求者	目　的	請求事項	回答又は証明理由
公営住宅法第34条	都道府県知事、市町村長	家賃算定又は割増賃料決定のため	所得状況	同法第16条の規定による家賃の決定又は第28条の規定による収入超過者に対する措置等に際し所得の把握を要し、同法第34条規定により入居者は当該事項について報告義務がある。
児童手当法第28条	市町村長	児童手当の支給資格の確認のため	所得、扶養親族数、所得控除額	同法第5条の規定による支給制限の認定に際し所得、扶養親族数等の把握を要し、同法施行規則第1条の規定により申請者は当該事項について報告義務がある。
児童扶養手当法第30条	都道府県知事、市町村長	児童扶養手当の支給資格の認定のため	所得、扶養親族数、所得控除額	同法第9条から第12条までの規定による支給制限の認定に際し所得、扶養親族数等の把握を要し、同法施行規則第1条の規定により申請者は当該事項について報告義務がある。
特別児童扶養手当等の支給に関する法律第37条	都道府県知事、市町村長	特別児童扶養手当、障害児福祉手当又は特別障害者手当の支給資格の認定のため	所得、扶養親族数、所得控除額	同法第6条から第9条まで、第20条から第22条まで又は第26条の5の規定による支給制限の認定に際し所得、扶養親族数等の把握を要し、特別児童扶養手当にあっては、同法施行規則第1条の規定、障害児福祉手当及び特別障害者手当にあっては、障害児福祉手当及び特別障害者手当の支給に関する省令第2条及び第15条の規定により、申請者は当該事項について報告義務がある。
老人福祉法第36条	市町村長	老人ホーム入所費用の認定のため	所得、市町村民税額等	同法第10条の4第1項及び第11条第1項の規定による居宅介護又は老人ホームへの入所の措置等に要する費用を第28条第1項の規定により徴収する際に所得、市民税額等の把握を要する。
恩給法第58条の4第3項	都道府県知事	受給資格の認定のため	所得状況	同条第1項の規定による支給制限の認定に際し所得の把握を要する。
刑事訴訟法第279条、少年法第16条第2項	裁判所判事	裁判資料のため	資産、所得状況	刑事訴訟法第197条第2項と同様に任意処分と解されているが、同法第144条（少年法第14条による準用）の証人尋問において証言拒否権が認められていないことを考慮し、照会に応じる。

法　　律	請求者	目　的	請求事項	回答又は証明理由
生活保護法第29条	福祉事務所	生活保護の決定、実施のため	資産、所得状況等	同法第24条又は第25条の規定による保護の開始の決定等に際し生活状況の把握を要し、同法施行規則第2条の規定により申請者は当該事項について報告義務がある。
民事執行法第18条2項、第57条4項、第58条3項	裁判所判事、執行官、評価人	民事執行のため	執行資産等の課税額、固定資産税に関して保有する図面	民事執行規則第23条第5号の規定により執行資産に対し課される租税その他の公課の額の証明書の添付が義務づけられており、同法第18条、第57条及び第58条の規定により当該証明書、図面等の交付を請求することができる。
民事訴訟法第223条	裁判所判事	裁判資料のため	資産、所得状況等	民事訴訟法第223条第1項の規定により文書の提出を命じられた場合は、同法第220条第4号ロにより公共の利益を害し又は公務の遂行に著しい支障を生ずるおそれがある場合を除き、文書の提出を拒むことができない。
国民健康保険法第113条の2	市町村長	保険料の算定のため	所得、市町村民税額等	同法第76条の規定による保険料の算定に際し所得等の把握を要し、被保険者は、同法第113条の規定により、当該事項について報告義務がある。
国民年金法第108条	厚生労働大臣	年金給付及び保険料の算定のため	所得	同法第72条及び第73条の規定による支給制限の確認に際し所得の把握を要し、受給権者は、同法第107条の規定により、当該事項について報告義務がある。また、同法第90条から第90条の3までの規定による国民年金保険料の免除に際し所得の把握を要し、被保険者は同法第106条の規定により、当該事項について報告義務がある。
介護保険法第203条	市町村長	保険給付及び保険料の算定のため	所得、市町村民税額等	同法第129条の規定による保険料率の算定に際し所得等の把握を要し、被保険者は、同法第202条の規定により、当該事項について報告義務がある。
高齢者の医療の確保に関する法律第138条第1項	後期高齢者医療広域連合、市町村長	一部負担額算定のため	所得、所得控除額	同法第69条第1項の規定による一部負担金の減額又は支払免除等の適用に際し所得等の把握を要し、被保険者は、同法施行規則第33条第2項の規定により、当該事項について報告義務がある。

法　　律	請求者	目　的	請求事項	回答又は証明理由
税理士法第23条	日本税理士会連合会	税理士登録決定のため	地方税に関する滞納処分及び過料等の有無	同法第24条の税理士登録拒否事由を審査するための照会であり、同法第23条の規定により、市町村は、税理士登録の拒否事由に該当する場合、日本税理士会連合会に通知するものとされている。
道路交通法第51条の5第2項	道府県公安委員会	放置違反金納付命令のため	原動機付自転車等の所有者氏名、住所等	同法第51条の5第1項の規定により放置車両の所有者等は、公安委員会に必要な報告又は資料の提出義務がある。
健康保険法第180条第4項、厚生年金保険法第89条	社会保険事務所長	健康保険、厚生年金保険の保険料徴収事務のため	資産、課税、滞納状況	保険料の滞納処分について、国税徴収法第141条の規定による質問検査権があり、健康保険法第213条の2、厚生年金保険法第103条の2に調査拒否等に対する罰則規定があるので照会に応じることは適法なものとして許容されているものと解される。

(2) 照会・証明請求等に応じることを許容していないと認められる法律（例）

法　　律	請求者	目　的	請求事項	回答又は証明理由
刑事訴訟法第197条第2項	検察庁、警察署等の捜査機関の長	犯罪捜査のため	資産、所得状況等	当該規定は一般に任意規定とされ、調査機関に対する納税者の報告義務が課されているものではなく、強制力を伴うものではないことから回答できない。
民事訴訟法第186条、民事調停規則第13条、家事審判規則第8条、非訟事件手続法第10条	裁判所判事	裁判資料のため	資産、所得状況等	民事訴訟は私人間の争いであり、回答内容が当事者の一方の利害のためになる場合も多いことを考慮し、回答しないこととする。
国の債権の管理等に関する法律第15条	各省庁の長	債権管理のため	資産、所得、課税、滞納状況等	一般の債権者と同様に訴訟又は民事執行の手続により債権回収を図るものであり秘密開示を許容する規定はない。

法　　律	請求者	目　的	請求事項	回答又は証明理由
民事訴訟法第189条、刑事訴訟法第490、507条	検察官、裁判所、裁判官	裁判執行（過料等の徴収）のため	資産、課税、滞納状況等	民事執行申立者と同様であり、その他の特別の権限があるものとは認められない。ただし、資産を特定した場合は民事執行申立者と同様に当該資産の状況を回答することとなる。
弁護士法第23条の2	弁護士会	受任事件に関する業務のため	資産、所得、課税、滞納状況等	当該照会に応じることは、弁護士の依頼者の利益のために照会事項に係る私人（納税者）の利益を犠牲にすることが多く、応じることはできない。

6　税務初任者向け参考図書一覧

(1)　まず地方税の概略をおさえたいなら

○碓井光明『要説　地方税のしくみと法』学陽書房

○地方税制度研究会『やさしい地方税』大蔵財務協会

○川村栄一『地方税法概説—国税との比較で学ぶ地方税入門—』北樹出版

○地方税事務研究会『増訂版 キーワードの比較で読む　わかりやすい地方税のポイント115』ぎょうせい

○全国女性税理士連盟『地方税Q＆A』大蔵財務協会

○東京税務協会『新任税務職員のための地方税ガイドブック』東京税務協会

○金子宏ほか『税法入門』有斐閣新書

(2)　机辺に備えておきたい基本書なら

○地方税務研究会『地方税法総則逐条解説』地方財務協会

○碓井光明『地方税の法理論と実際』弘文堂

○金子宏『租税法』弘文堂

○佐藤進・伊東弘文『入門 租税論』三嶺書房

○地方税制度研究会『地方税取扱いの手引』納税協会連合会

○地方税制度研究会『地方税ハンドブック』月刊「税」別冊・ぎょうせい（年度版）

○地方財務協会『地方税制の現状とその運営の実態』地方財務協会

(3)　税務職員としての素養・基礎を学ぶなら

○地方税事務研究会『地方税務職員のための事例解説　税務情報管理と
　マイナンバー』ぎょうせい

○伊藤義一『税法の読み方 判例の見方』ＴＫＣ出版

○丸山高満『日本地方税制史』ぎょうせい

(4)　主要税目や徴収関係に強くなりたいなら

○市町村税務研究会『要説住民税』ぎょうせい（年度版）

○市町村税務研究会『住民税計算例解』月刊「税」別冊・ぎょうせい（年度版）

○固定資産税務研究会『要説固定資産税』月刊「税」別冊・ぎょうせい（年度版）

○固定資産税務研究会『固定資産税逐条解説』地方財務協会

○古郡寛『Ｑ＆Ａ 実践固定資産税〜課税客体編』ぎょうせい

○古郡寛『Ｑ＆Ａ 実践固定資産税〜納税義務者編』ぎょうせい

○小林能彦『地方税務職員のための租税徴収の技術〜入門から応用ま
　で』ぎょうせい

○藤井朗『皆伝 プロの極意「滞納整理と進行管理」（改訂版）』東京税務協会

○日澤邦幸『４日でマスター！ 徴収実務』第一法規

○鷲巣研二『改訂版よくわかる地方税滞納整理の実務とマネジメント』
　時事通信社

(5)　実務で困った時、最も頼れる書籍なら（加除式図書）

○地方税制度研究会『地方税総則実務提要』ぎょうせい

○市町村税務研究会『市町村税実務提要』ぎょうせい

○固定資産税務研究会『固定資産税実務提要』ぎょうせい

○滞納整理実務研究会『Ｑ＆Ａとケーススタディー　滞納整理の実務相
　談―国税・地方税・公課』ぎょうせい

(6)　毎年の税制改正など最新の情報や実務に役立つ情報を求めるなら

○月刊「地方税」地方財務協会

○月刊「税」ぎょうせい

○「税務経理」（毎週２回刊）時事通信社

○「改正地方税制詳解」地方財務協会

○ 用語索引 ○

【編著者紹介】

地方税事務研究会

　横浜市で税務部門を経験したOBから成り、日々、地方税事務を研究。

○編著者代表

　尾澤詳憲（おざわ・よしのり）

　1964年横浜市税制課に配属されて以来、税務経歴通算29年余に及び、その間、自治省（現総務省）市町村税課課長補佐、横浜市税制課長、主税部長、市民局理事・総務部長等を歴任。

（主な著作）

『事例解説　地方税とプライバシー　改訂版』（ぎょうせい）、『増訂版　キーワードの比較で読む　わかりやすい　地方税のポイント115』（ぎょうせい）、『地方税務職員のための事例解説　税務情報管理とマイナンバー』（ぎょうせい）、その他、月刊「税」等に多数執筆。

○執筆者

　江間利男、北野信行

税務課のシゴト ver.2

令和5年4月10日　第1刷発行

編著者　**地方税事務研究会**

発　行　株式会社**ぎょうせい**

〒136-8575　東京都江東区新木場1-18-11
URL：https://gyosei.jp

フリーコール　0120-953-431

ぎょうせい　お問い合わせ　検索　https://gyosei.jp/inquiry/

〈検印省略〉

印刷　ぎょうせいデジタル株式会社　　　　　©2023　Printed in Japan

※乱丁・落丁本は、お取り替えいたします。

※禁無断転載・複製

ISBN978-4-324-11264-9

(5108862-00-000)

［略号：税務シゴト2］